世界银行

"十二五"国家重点图书出版规划项目

交通运输发展及理论经典译丛

FACILITATING TRADE THROUGH COMPETITIVE, LOW-CARBON TRANSPORT: THE CASE FOR VIETNAM'S INLAND AND COASTAL WATERWAYS

竞争和低碳交通促进贸易
以越南内陆和沿海水运为例

著 路易斯 C. 布兰卡　M. 贝克·埃尔 – 海夫纳卫
译 翁心刚　安久意

中国财富出版社

图书在版编目（CIP）数据

竞争和低碳交通促进贸易：以越南内陆和沿海水运为例 /（ ）路易斯·C. 布兰卡，（ ）M. 贝克·埃尔 - 海夫纳卫著；翁心刚，安久意译. —北京：中国财富出版社，2015. 12

（交通运输发展及理论经典译丛）

书名原文：Facilitating Trade through Competitive，Low-Carbon Transport：The Case for Vietnam's Inland and Coastal Waterways

“十二五”国家重点图书出版规划项目

ISBN 978 - 7 - 5047 - 6001 - 2

Ⅰ. ①竞… Ⅱ. ①路… ②M… ③翁… ④安… Ⅲ. ①水路运输经济—经济发展—研究—越南 Ⅳ. ①F553. 333

中国版本图书馆 CIP 数据核字（2015）第 302550 号

著作权合同登记号　图字：01 - 2015 - 8662

前 言

越南二十五年来取得了斐然的经济成就。早在1986年越南就开始了以市场为基础的改革，并不断完善改革，这为越南经济持续快速的增长铺平了道路。在这段时间，有利于穷人的社会政策解决了基本服务和经济资源（如土地）的获取问题，再加上经济的强劲发展，大大降低了贫困率，使贫困率从20世纪90年代早期的58%降到了目前的10%。截至2012年，越南已从低收入国家发展为中低收入国家。

这是一个成功发展的例子。当然要在过去二十五年取得成就的基础上实现进一步的发展，还有很多事要做。越南尤其面临继续发展经济的同时降低碳排放量的挑战。

越南有漫长的海岸线，两个广袤的三角洲，以及部分受气候影响的经济结构，比如水稻和咖啡种植业、水产业。因此越南是世界上最容易受气候影响的国家之一。找到支持低碳发展战略的道路应被视为越南长期发展规划的重要组成部分。

推动越南经济长期可持续发展刻不容缓。在2008—2009年经济危机以及西欧经济停滞不前之后——西欧是越南的主要出口市场——越南国内的发展放缓，同时国际上吸引外商直接投资的竞争变得更为激烈。如果不能维持过去的发展速度，很多刚脱离贫困的人会依然在贫困线上挣扎，并且有可能重新陷入贫困之中。增强越南的竞争力以及降低商业成本是越南未来发展的两个途径。

本报告认为，促进内陆水运和沿海航运发展为越南提供了一条低碳发展之路。河道运输占到越南日常货运的大部分。但是仍有很多河道在深度和宽度上受到限制，河岸没有得到保护，河道维护资金也不足，河道通航的船舶按照国际标准来衡量也偏小，这样就降低了燃料使用效率，限制了船舶本身具有的环保优势。应该改进和河道相连的多式联运，从而降低运输与物流成本。

本报告的另一个贡献是，从经济角度评估内河领域的基础设施和以政策为基础的改进项目时，明确地考虑了当地的污染物和温室气体的排放量。这样的分析模式在评估交通运输项目时会逐渐成为世界范围内的标准，特别是在发展中国家，能源领域的评估标准也正在发生着同样的变化。

希望本报告能使更多的利益相关者知道内陆水运对越南经济发展做出的卓越贡献。

最重要的是，希望本报告能激起政策讨论，从而能够从经济和环境的角度对越南的河流、三角洲和海岸线的交通和物流进行充分的投资。

约翰 A. 鲁姆

世界银行东亚和太平洋地区可持续发展部主任

致 谢

本报告由世界银行东亚和太平洋地区与 Ecorys Research & Consulting 合作完成。研究小组由世界银行的 M. Baher EL-hifnawi（首席运输经济学家，ECSTR）和 Luis C. Blancas（运输专家，EASIN）领导，顾问为 John Room（行业主任，EASSD），Victoria Kwakwa（国家主任，EACVF），Jennifer Sara（行业经理，EASVS），Abhas Jha（行业经理，EASIN）和 Paul Vallely（高级运输专家和运输集群领导者，EASVS）。对本报告做出贡献的 Ecorys 工作人员有 Johan Gille，Simme Veldman，Katrien Dusseldorp 以及 Marten van den Bossche。

报告初稿由以下的审稿专家和世界银行的工作人员审读：Simon David Ellis（首席交通专家，ECSTR），John Morton（高级城市环境专家，LCSDU），Myla Taylor Williams（国家项目协调员，EACVQ），Monica Alina Antoci（高级私营部门发展专家，CICTI），Paul Amos（运输顾问），Duc Minh Pham（高级经济学家，EASPV），Wenlai Zhang（高级交通专家，EASCS），Reynaldo Bench（高级港口专员，EASIN），Christopher De Serio（运营分析师，EASIN）和 Reindert Westra（高级城市交通专家，EASIN）。Thao Phuong Tuong（团队助理，EACVF），Teresita Ortega（项目助理，EASWE）和 Cristina Hernandez（项目助理，EASWE）提供了极佳的后勤支持。

越南交通运输部的规划和投资局为研究提供了宝贵的技术支持，尤其是交通运输数据。

最后要感谢能源行业管理支持项目（ESMAP）、世界银行管理的贸易便利设施（TFF）和澳大利亚国际发展署（AusAID）的支持。ESMAP 是一个由世界银行管理的全球性的知识和技术援助项目，旨在提高低收入和中等收入国家的开拓能力，找到环境上可持续的能源解决方案，以此减少贫困和促进经济增长。ESMAP 由澳大利亚、奥地利、丹麦、芬兰、法国、德国、冰岛、立陶宛、荷兰、挪威、瑞典、英国和世界银行提供资金。

作者简介

路易斯 C. 布兰卡是世界银行东亚和太平洋地区可持续发展处的交通运输专家。自2010年起，他领导和参与了几个由世界银行资助的越南交通运输基础设施项目的准备和监督工作，包括提高越南红河三角洲和湄公河三角洲地区内河网的运输能力和效率的项目，发展越南高速公路的项目。他也从事一些为中国、马来西亚和越南的交通和物流业提供技术支持和分析的工作。在世界银行工作之前，他是 MergeGlobal 的合伙人，全球交通运输和物流业公司的金融和战略顾问，国际货币基金组织财政事务部的研究分析员，德勤墨西哥和中美洲地区的管理顾问。布兰卡取得斯坦福大学的管理科学与工程学院的硕士学位，墨西哥蒙特雷理工大学的经济学学士学位。

M. 贝克・埃尔-海夫纳卫是世界银行欧洲和中亚地区的首席运输经济学家，也是西巴尔干国家的项目组长。他同时还是世界银行全球专家小组（GET）贸易物流的成员，在此之前，他在世界银行的东亚和太平洋地区工作，领导和参与了很多蒙古、菲律宾和越南的交通运输基础设施发展项目的准备和监督工作、行业报告和技术支持工作，包括多式联运和物流管理。在加入世界银行之前，海夫纳卫是美国剑桥国际资源的主管，在此他为发展中国家政府和发展机构建言献策并帮助进行能力建设。他还为很多东亚、南亚、非洲和欧洲国家的交通运输和基础设施投资进行金融、经济、风险和社会分析，并举办这方面的讲座。他是哈佛大学国家发展学院投资评估与管理项目的副主管。他在私营行业的工作包括毕马威会计师事务所埃及分部的高级顾问，埃及证券交易所的高级顾问。海夫纳卫拥有开罗大学土木工程专业的学士学位、哈佛大学公共管理专业的硕士学位，以及哈佛大学运输经济学的博士学位。

缩略词

3PL	第三方物流/第三方物流服务提供商
ABS	铰接式驳船系统
B/C	收益/成本比
CAGR	复合年增长率
CBA	成本效益分析
CO_2	二氧化碳
CT	集装箱转运站
DoT	交通运输司（隶属交通运输部）
DWT	载重吨
ECMT	欧洲运输部长会议
EF	排放因子
eIRR	内部经济收益率
EU	欧盟
GDP	国民生产总值
GHG	温室气体
GoV	越南政府
HCMC	胡志明市
HFO	重燃油
HP	马力
IFI	国际金融机构
IMO	国际海事组织
ITF	国际运输论坛
IWT	内陆水运
JICA	日本国际协力机构
JSC	股份公司
LOA	总长
MDTIDP	湄公河三角洲交通基础设施建设项目
MoF	财政部
MoT	交通运输部

MPI	计划投资部
MTRR	多式联运的监管审查
NCPFP	国家人口和计划生育委员会
NDTDP	北方三角洲交通发展项目
NIWTC	北方内陆水运公司
NO_x	氮氧化物
NPV	净现值
NRCTSS	北部地区交通运输综合战略研究
O－D	始发地—目的地
ODA	政府开发援助
PMU	项目管理单位
PPP	购买力平价
RoRo	滚装
RP	现实性偏好
SB	国家财政预算
SBV	私营内河航道补贴
SO_x	硫氧化物
SOE	国有企业
SOIT	公用内河码头补贴方案
SOWATCO	南方内陆水运公司
SP	陈述性偏好
TBBV	内河河道连接补贴的临时性政策调控
TEU	20 英尺标准集装箱
ton-km	吨·公里
VICT	越南国际集装箱码头
Vinalines	越南国家航运公司
Vinamarine	越南海事局
Vinashin	越南造船工业集团
Vinawaco	越南航道建设公司
VITRANSS	越南交通运输系统可持续发展综合研究
VIWA	越南内陆水运局
VND	越南盾
WMF	河道维护基金

目　录

补充材料

图

地图

表

概　述

越南有两个广袤的三角洲和超过3000千米的海岸线，内陆水运（IWT）和沿海航运对越南经济的日常运作至关重要。然而在过去十五年中，尽管越南经济快速发展，但是由于对越南河道运输网和关键连接点（如河港和海港）的维护和扩展投资不足，河道运输的经济性和环境可持续性一直没得到应有的重视。这降低了河道货运的效率（比如运输费用较高、交通堵塞严重），降低了对大型、污染较小的船舶的投资积极性，并有可能增加越南的物流成本。此外，在有些市场，运输方式从公路向河道的转变在经济上和操作上是可行的，但是具体的案例同样没有受到重视。

考虑到越南经济日益融入全球经济，并受气候变化的影响（如海平面上升和不可预测的气候类型），更有效地使用内陆水运和沿海航运进行货运可能是增加竞争力和减少污染物和温室气体排放的行之有效的、经济上可行的途径。

本报告提出了定性和定量的评估结果以此来验证上述假设。具体而言，报告：①提出了降低内陆和沿海航道运输效率的制度、管理和基础设施瓶颈；②分析了瓶颈产生的根本原因；③评价并提出以政策和基础设施为基础的解决方案。本书的结论旨在帮助越南政府促进经济发展，扩大机遇，提高竞争力，同时促进环境的可持续发展。

报告发现，提高内陆水运和沿海航运的效率和吸引力需要多管齐下的有针对性的改进措施：①对主要走廊和核心河道网的连接点进行升级，并提供持续、可预测的维护；②推进多式联运运输和物流增值服务的发展（例如装卸和存储）；③使货主尤其是中小企业更好地了解运输模式的利弊；④引入促进船队现代化的机制。

为了决定应该实施哪种具体的措施，本报告提出了九种公共部门措施（没有特定的排序，见表0.1）。运具分配模式分析不同运输模式的省际间货运量。本报告基于运具分配模式估算每种措施的长期经济影响，包括运输成本的节约、温室气体的减排以及运输安全性的改进。运具分配模式允许考虑不同运输方式份额的变化（例如在公路运输和河道运输之间的份额变化），以及由于采用了某些措施而带来的排放量的变化。

表0.1　　加强内陆水运和沿海航运的建议措施

序号	措施名称	措施总结	实施时间	预计成本（美元）
1	红河三角洲走廊1的河道升级	将走廊1从2类河道升级为1类河道	2016—2020	1.5亿~2.5亿

续 表

序号	措施名称	措施总结	实施时间	预计成本（美元）
2	红河三角洲走廊 2 的河道升级	将走廊 2 从 3 类河道升级为 2 类河道	2014—2016	1.5 亿～3 亿
3	红河三角洲走廊 3 的河道升级	将走廊 3 从 3 类河道升级为 2 类河道	2013—2015	1 亿～2 亿
4	加强红河三角洲的河道设施用来服务河内市场	开发内陆河道和装卸货设施，用来服务往来海防和河内之间的集装箱物流	2014	1000 万
5	湄公河三角洲走廊 1 的河道升级	将走廊 1 从 3 类河道升级为 2 类河道	2013—2016	1.5 亿～2.5 亿
6	升级越南北部沿海运输的集装箱码头	将用于国内集装箱运输的海防集装箱码头进行现代化	2014—2015	4000 万
7	向用户收费来资助河道维护	向内陆水运的船只运营商收费，来弥补河道维护费用的缺口	2014—	吨・公里 0.0003（越南盾）
8	加强内陆水运的发动机和船队的现代化	提供公共资助来改进发动机	2014[a]	2000 万
9	展示内陆水运可以有效推动物流的效率	宣传使用内陆水运，展示这些项目，以及内陆水运的吸引力	2014—2023[a]	2000 万

注：a 指资金全部到位。
资料来源：Ecorys/世界银行分析。

随后，本报告使用折现成本效益分析法来比较投资成本和预期的收益率，从而来评估每种措施的经济回报率。① 如果这些措施的经济回报率超过了越南的资本成本大约 10%，就会认为这些措施在经济上可行，值得越南政府实施。表 0.2 和表 0.3 总结了这些分析结果。

表 0.2 建议措施的成本—收益分析

序号	措施名称	实施时间	成本（百万美元）	净现值（百万美元）	10% 的经济内部收益率	成本收益率
1	**红河三角洲走廊 1 的河道升级**	**2016—2020**	**200**	**0.6**	**10**	**1.0**

① 措施 9 是内陆水运推广项目，报告只对措施 9 进行了盈亏分析。估计措施 9 的盈亏率大概为 0.5%。

续 表

序号	措施名称	实施时间	成本（百万美元）	净现值（百万美元）	10%的经济内部收益率	成本收益率
2	红河三角洲走廊2的河道升级	2014—2016	225	-83	6	0.5
3	红河三角洲走廊3的河道升级	2013—2015	150	-102	2	0.2
4	加强红河三角洲的河道设施用来服务河内市场	2014	10	-2.3	8	0.7
5	**湄公河三角洲走廊1的河道升级**	**2013—2016**	**200**	**209**	**16**	**2.3**
6	**升级越南北部沿海运输的集装箱码头**	**2014**	**40**	**22.7**	**13**	**1.7**
7	**向用户收费来资助河道维护**	**从2014年开始**	—	**32**	—	—
8	**加强内陆水运的发动机和船队的现代化**	**从2014年开始**	**20**	**0.6**	**10**	**1.0**

注：“—”指不可得；经济上可行的干预项目用黑体表示。
资料来源：Ecorys/世界银行分析。

表0.3　　措施的经济效益

序号	措施名称	交通成本的节约（%）	排放量的降低（%）	安全性的提高（%）	到2030年内陆水运的份额增长比（%）
1	**红河三角洲走廊1的河道升级**	**75.5**	**27.1**	**0.4**	**0.6**
2	红河三角洲走廊2的河道升级	76.1	23.5	0.4	1.1
3	红河三角洲走廊3的河道升级	75.5	23.8	0.7	0.5
4	加强红河三角洲的河道设施用来服务河内市场	99.6	-1.5	1.9	3.0
5	**湄公河三角洲走廊1的河道升级**	**75.3**	**24.1**	**0.6**	**1.8**
6	**升级越南北部沿海运输的集装箱码头**	**71.7**	**26.8**	**1.4**	**2.9**

续 表

序号	措施名称	交通成本的节约（%）	排放量的降低（%）	安全性的提高（%）	到2030年内陆水运的份额增长比（%）
7	**向用户收费来资助河道维护**	**33.9**	**65.4**	**0.8**	**0**
8	**加强内陆水运的发动机和船队的现代化**	**31.8**	**68.1**	**0.1**	**0**

注：经济可行的干预项目用黑体表示。
资料来源：Ecorys/世界银行分析。

以下是上述研究结果的主要结论：

• 投资河道可以带来丰厚的经济回报，但这些在很大程度上依赖于未来的交通强度。

• 在越南两大三角洲水域网的主要内河走廊中，对湄公河三角洲走廊1进行升级改造（措施5）——包括长达29千米的Cho Gao运河，Cho Gao运河的运输问题是湄公河三角洲水域网最亟待解决的瓶颈问题，对基础设施的投资会带来最优厚的经济回报，也被视为重中之重的措施。对红河三角洲走廊1的升级改造（措施1）在经济上同样可行，只是比湄公河三角洲的经济回报率要略低。

• 对红河三角洲走廊2的升级（措施2）只有6%的内部经济回报率，从经济上看缺乏吸引力，但是考虑到其他标准，措施2还是值得越南政府实施的。比如，从水域网恢复性的角度看，当海洋环境变得对沿海航运不安全时，走廊2提供了一个关键的替代近海运输的南北航线。

• 对红河三角洲走廊3的升级（措施3），以及延伸河内附近的海防港口的集装箱装卸通道（措施4）产生的经济效益低于资本成本，尤其是对措施3来说更是如此。这主要是因为走廊3的整体运输量较低，延伸的通道处理的集装箱货运量也较低。

• 在市场机制作用下，从公路到河道转变的可能性是有限的（长期看为1%～3%）。这主要是因为水域网主要是东—西向的运输路线，极大地限制了运输距离。结果，越南河道的平均运距为112千米，而公路的平均运距为143千米，短于公路的平均运距。卡车在短途运输方面具有天然的灵活性，尤其是对集装箱运输来说，因为集装箱用驳船运输到码头后在码头还需要额外的装卸。对非大宗货物来说，北美和西欧的经验表明，只有河道运输的平均运距大于越南运输的平均运距时才有经济性可言。大宗商品，如建材、煤炭和化肥，占到了货运的75%，主要是通过河道进行运输，未来通过卡车运输获得份额的空间不大。

• 在这种情况下，河道基础设施升级改造（如措施1～6）的主要收益来自具体的运输模式（如内陆水运）的运输成本的降低以及效率的改进，大型船舶可以降低运输成本，也带来环境收益。对大部分的基础设施升级措施来说，25% ~30% 的经济收益来自减排，可持续的环境是这些措施具有经济可行性的一个关键考虑因素。长期的二氧化碳排放量会降低 18% 。由于运距转化的幅度不大，预期的安全性收益也不大。

- 两个关键因素使得基础设施升级措施带来的减排量不能进一步降低：①运输工具从卡车向其他方式转变受到限制；②由于越南驳船平均规模小，不像在其他成熟市场（比如西欧），和公路运输相比，越南内陆水运的吨·公里的气体排放优势不是很明显。

- 即使运具转变规模不大，沿海航运项目（措施 6）造成的运具转变规模也会最大，这不足为奇，因为此走廊运距更长，所以公路运输和河道运输之间的竞争更开放。码头装卸货费用占到了海防市和胡志明市之间沿海航运费的大部分，这也说明升级海防市港口的集装箱装卸设施以此降低南北沿海航运的费用，从经济角度来说也是可行的。

- 值得注意的是，连接河内和海防之间的通道项目，即措施 4 预计会增加而非降低排放量。这是因为河内和海防之间的河道距离为 142 千米，比公路长，公路距离为 105 千米。由上面的分析可以看出，更长的运距最终会抵消由运输方式转变带来的排放量的降低。这也说明在考虑每种措施时要考虑运输政策、潜在供需和经济地理特征的复杂性。

- 从另一方面来说，不以改进基础设施为基础的措施（措施 7 和措施 8），其主要收益就是排放量的降低。维护费用会增加内陆水运成本，更好的通航河道所带来的收益会抵消增加的运输成本。同时，水域网得到改善后，使得运输公司在某些河段使用大型船舶，这会降低排放量，因为以前由于维护费用不足，有的河道终年无法通过大型船舶。就发动机现代化项目而言，新的发动机会比现有发动机的排放性能好得多，虽然提高燃油率会小幅度降低运输成本，但是更新的发动机所带来的更大的影响是每吨·公里排放量的降低。

- 更好的河道维护物有所值。那些负责河道维护方往往没有充分考虑维护费用不及时所带来的负面影响，很多费用就由社会承担了。从上面的分析可以看出，充分的河道维护费用所带来的大部分收益是排放量的降低，而不是用运输率或公共部门的收入来衡量，所以河道维护费用不足也就不足为奇了。但是上面的分析也指出，充足的河道维护费用除了具有减少排放量这样的社会效用，也会降低运输成本，因此抵消了维护费用。

第一章　简介

一、背景

运输需求和经济增长密切相关：越南国内生产总值（GDP）在过去的二十年里持续高速增长，年平均增长率为7.2%，越南和世界经济的深度融合也促进了越南经济的发展，这对货物运输提出了更高的需求。在此过程中，越南货物运输需求的构成也发生了很大的变化。开放的经济使得供应链更容易受到国内和国际竞争的影响，且更容易和更复杂的物流线路联系在一起。为了保持竞争性，这些链条越来越多地依赖高效、可靠的多式联运、存储、装卸和附加值服务。越南打算继续走可持续经济发展之路，因此面临的挑战就是使物流服务的供需相匹配，提高货物运输系统的整体效率。

更好地融入到世界中，提高贸易竞争性就成为越南的国家目标之一。由气候变化引发的各种风险要求越南还要应对降低温室气体排放的挑战，而有一部分温室气体来自货物运输。航空运输是到目前为止碳密集度最高的运输方式，但在越南的货物运输中所占的比重可忽略不计。在非航空货物运输中，公路运输每吨·公里产生的二氧化碳量高于铁路和河道运输。用每吨·公里的标准来衡量，铁路运输的燃料效率一般是卡车运输的2.5～3倍，驳船运输的燃料效率则是卡车运输的3.5～4倍。越南逐渐成为公路密集型经济，用运输吨位来衡量，越南的公路运输差不多占到了物流的一半，国内货物运输的40%。在过去，公路货物运输比其他运输方式增长得都快，在未来多年内这种情况也将持续。由于越南公路网装载量的限制，以及公路货物运输对环境影响的成本越来越高，开发可行的、有竞争力的替代公路货运的方式才是更可取的做法。

更密集地使用水路运输既能有效地推动经济发展又能降低排放。因为交通运输不论是从基础设施供给，还是从提供服务的角度来说，都是最基本的经济发展助推器。发达国家和发展中国家都认为，降低交通运输行业的排放量可积极地影响经济发展。首先由于越南的优势经济地理位置，越南有内陆水运（简称IWT），以及沿海航运，这是向低碳货运方式转移，且不会危及越南长期繁荣的有力平台。

越南密集的河流网和漫长的海岸线是可持续发展的平台。越南主要的经济中心——以河内为中心的北部地区，以胡志明市为中心的南部地区，长期以来就沿海、沿河并位于三角洲地区。充分利用内陆水运和沿海航运，并和其他运输方式（比如短途卡车托运）以及物流服务（比如仓储和集装箱装卸）有效地配合，能极大地降低货主成本。这样做还能对社会产生有意义的经济回报，包括降低货物和非货物车辆运营费、缩短运输时间、降低事故伤亡发生率、减少环境恶化。

但是，越南大部分的交通运输公共款项都流向了公路，要提高水路运输和沿海航运的效率和可利用性需要制定和实施与此目标相吻合的公共政策和项目。目前，80%的交通运输公共款项都用于扩大和维护公路网了。本报告旨在帮助越南对河道货运进行更具战略性的投资。

二、报告目标

报告有三个目标。第一个目标是提出针对内陆水路运输和沿海航运的政策性和基础设施性干预措施，这些措施旨在增强越南货运系统竞争力和环境的可持续性。这些干预措施能节约燃料消耗，降低温室气体排放，降低交通拥堵和事故成本。第二个目标是评估这些干预措施的经济效益和成本，并利用这些评估信息制定优先实施这些干预措施的清单。第三个目标是向利益相关者，包括公共部门当局、货主、学术界和大众提供越南河道运输行业的现状、构成以及面临的主要挑战和机遇。

三、报告范围和方法

报告展示了运用五步骤分析法取得的研究成果（见图 1.1）。步骤 1 至步骤 3 运用需求指标、对利益相关者的访谈、定性分析以及全球对标找到影响水路运输和沿海航运进一步发展的主要障碍，同时提出应对这些障碍的策略。步骤 1 描述了越南水路运输和沿海航运的主要构成，包括管理和制度环境、公共基础设施资产额、当前和未来的货物构成、船舶的大小和类型、温室气体排放情况，以及提供服务的市场结构。步骤 2 评估这些方面能否充分满足货主需求，并强调影响每种运输方式的瓶颈。步骤 3 提出了初步的改进建议。步骤 4 采用定量的方法评估步骤 3 提出的建议措施可能产生的经济回报和效率。比如，会评估各种干预措施对船舶平均大小、交通运输运营成本、交通方式转换和温室气体排放的影响。这些影响又会被用来计算某些建议措施的经济成本和收益，这些建议措施包括政策干预措施和基础设施干预措施。步骤 5 通过对公共部门干预措施提出更明确的、从经济角度进行评估的实施措施，并对以上的分析进行总结。

报告包括三个越南最重要的货运方式：公路、内陆水运和沿海航运，这也反映了越南的经济和工业状况，越南大部分的货物运输路线都和以下因素有关：①以河内为中心的红河三角洲以及东北、西北地区有关；②以胡志明市为中心的湄公河三角洲以及东南地区有关；③连接这两个地区的双向贸易有关（见地图 1.1）。虽然公路网络可以服务于这三种贸易，只是效率和可靠性有差别，内陆水运也是一种地区

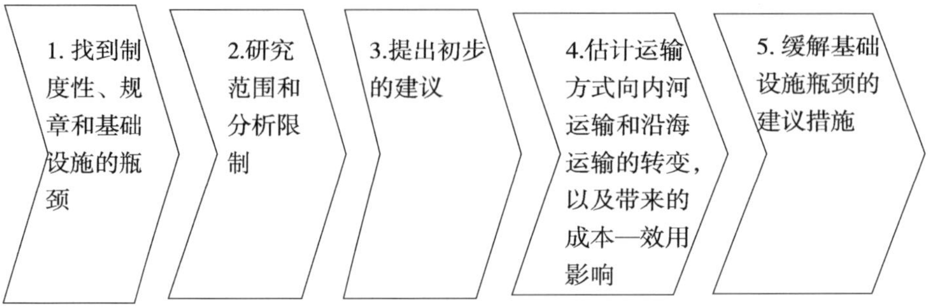

图 1.1　分析方法

资料来源：Ecorys/世界银行分析。

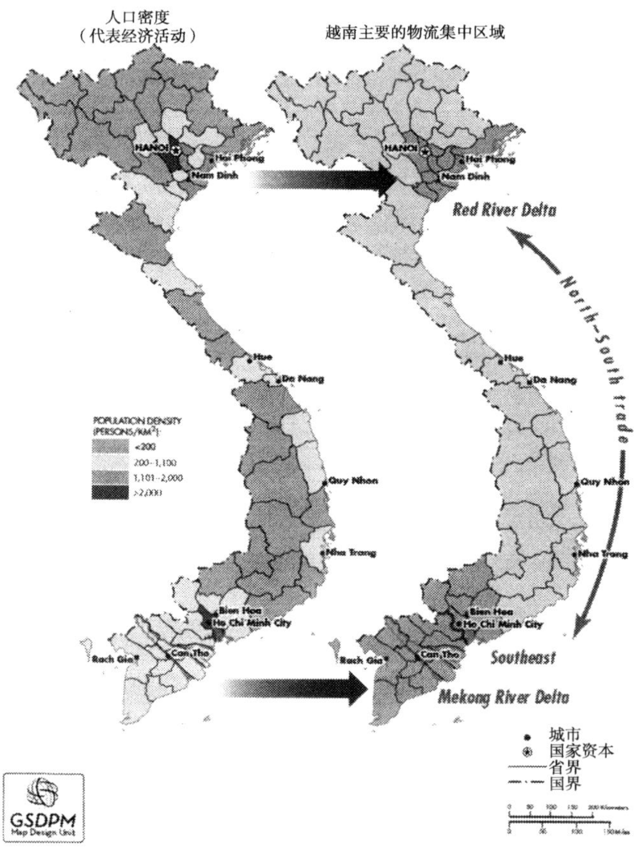

地图 1.1　主要的研究区域

注：此地图由世界银行的地图设计小组制作。地图中的分界线、颜色、图例以及其他信息不代表世界银行对边界划分的法律地位所持的态度。

资料来源：世界银行根据越南国家统计局的数据所做的分析。

间货物运输方式，而沿海航运是最具吸引力的连接南部和北部地区间的货运方式。①

四、主要数据源

本报告中的结果来自大量对交通运输部门利益相关者的采访，以及之前对越南的运输和物流行业的研究结果和研究数据。后者包括越南内陆水运局（VIWA）内陆水运部门预测；越南交通运输系统可持续发展的综合研究（简称为 VITRANSS -2）的第二次更新，此研究是由越南交通运输部和日本国际协力机构联合进行的；北部地区综合交通战略研究；世界银行资助的北部三角洲运输发展项目以及湄公河三角洲交通运输基础设施开发项目；世界银行委托进行的多式联运定期审查；由越南总理于 2009 年 3 月批准的交通运输部制定的 2020 年交通运输发展战略，2030 年远景规划。此外，VITRANSS -2 被普遍认为是最可靠和最新的关于越南目前和未来从始发地到目的地货运模型的来源，因为在越南这种类型的数据不容易获得。因此 VITRANSS -2 是本报告关于计算运输和经济影响的基础。

五、报告结构

本报告分为七章（见图 1.2），一开始从市场供应（第二章）和市场需求（第三章）的角度盘点越南的内陆水运和沿海航运发展现状及未来的发展趋势。第四章评估交通运输发展趋势对环境的影响（从二氧化碳排放量的角度衡量）。第五章定义和评估影响内陆水运和沿海航运发展的主要瓶颈。第六章提出了发展内陆水运和沿海航运的初步战略。此章讨论了总体战略方法和一系列补救措施，包括公共政策和基础设施干预措施。第七章进一步发展和评估一组具体的内陆水运和沿海航运干预措施（也称为“项目”）。评估是建立在具体干预措施模型之上，包括运距分配模型法，还有成本效益分析（简称 CBA）。这些方法是用来计算干预措施的内部经济回报率。

本报告最后列出了六个附录。附录 A 列出了对利益相关者的采访。附录 B 以表格形式列出了越南南部和北部的主要河道航道的物理特征。附录 C 总结了扩大内陆水运船舶规模要考虑的因素。

---

① 为方便起见，本报告的余下部分将把红河三角洲和靠近河内的西北地区和东北地区统一称为“北部地区”“北部越南”，或者更简洁地称为“红河三角洲”（因为从物流角度看，红河三角洲是这三个地区最主要的地区）。同样的，湄公河三角洲和东南地区则统称为“南部地区”“南部越南”，或者更简洁地称为“湄公河三角洲地区”。将南部和北部之间的贸易走廊称为“南北轴”或“南北贸易”。

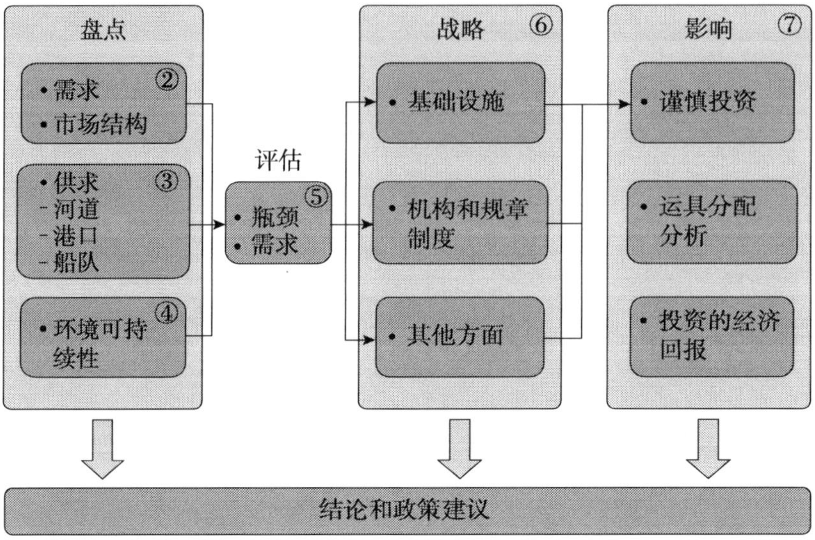

图 1.2　报告结构

注：图中的数字是指此问题是在报告的第几章。

资料来源：Ecorys/世界银行分析。

具体的干预措施会影响货运路线对运输方式的选择，基于情境的成本效益分析结果（第七章）主要是由运输方式的变化决定的。因为要尽可能可靠、有意义地估计运输方式的变化，所以提出了运距分配模型法，用此方法来评估推荐的干预措施对运输方式的影响。附录 D 描述了这个方法。

附录 E 详细列出了建议的干预措施。最后，附录 F 详细列出了使用运距分配模型法和成本效益分析法来评估这些干预措施的经济影响。

第二章　对河道运输和多式联运的需求

一、内陆水运和沿海航运的规模和历史发展类型

越南省际间的货物运输市场在很大程度上由两种运输方式所控制：内陆水运和公路运输（见表 2.1）。用运输吨位来衡量，这两种运输方式占到了越南省际运输的94%；用吨·公里来衡量，占到了越南省际运输的67%。在过去几年中，内陆水运量一直以健康的速度增长，是国内生产总值（GDP）增速的1.5倍，公路部门的运量增速则更快。根据越南统计办公室的统计，截至2008年，十年间，内陆水运量年均增速为10.5%，而同时期公路运输量的增速为14.1%。换句话说，从1998年开始，内陆水运在运输量上就输给了公路运输。而这则有多种因素，包括对时效性要求严格的商品的增加，如季节性产品和高端电子元件；在内陆水运网覆盖范围之外的经济和人口发展；由于解除管制的竞争和较低的进入门槛，以及公路网的大规模扩张，导致卡车运输率的大幅下降。

尽管内陆水运在很多年都将一部分运输份额输给了公路部门，但是内陆水运仍然是所有运输方式中运量最大的，占到了48.3%，略高于公路部门45.4%的运量。简单地说，内陆水运仍然是越南经济的日常运作的关键。用吨·公里来衡量需求能更准确地反映某种运输方式的运输强度，内陆水运30.4%的份额已经很大了，和公路运输36.6%的份额相差不大。从运量上看，公路运输的需求份额低于内陆水运，从吨·公里上看，公路运输的需求份额高于内陆水运，这说明公路货运的平均运输距离（143千米）大于内陆水运的运输距离（112千米）。

表 2.1　　越南 2008 年和 2030 年各种运输方式的省际货运量

年份	公路	铁路	内陆水运	沿海航运（国内）	空运	所有的运输方式
每年的运输量（百万吨）						
2008	181	8	193	17	0.1	400
2030	640	47	395	38	0.3	1119
各运输方式所占的份额（以吨来计算）						
2008	45.4	1.9	58.4	4.4	0	100
2030	57.2	4.2	35.3	3.4	0	100

续 表

年份	公路	铁路	内陆水运	沿海航运（国内）	空运	所有的运输方式
平均运输距离（千米）						
2008	143	400	112	1161	1404	178
2030	201	509	122	1107	1348	217
每年的运输量（十亿吨·公里）						
2008	26	3	22	20	0.1	71
2030	129	24	48	42	0.4	243
各运输方式所占的份额（以吨·公里来计算）						
2008	36.6	4.3	30.4	28.5	0.1	100
2030	53.0	9.8	19.9	17.2	0.2	100
从2008年到2030年的年均增长率（%）						
2008	5.9	8.5	3.3	3.6	6.5	4.8
2030	7.5	9.7	3.7	3.4	6.3	5.7

注：

a. 根据日本国际协力机构每天的数据乘以300；

b. 需要指出的是，日本国际协力机构2008年的数据和越南内地水路局（VIWA）发布的数据不同。本报告的作者更倾向于日本国际协力机构2009年的数据，这样和日本国际协力机构的2020年和2030年预测数据保持一致，而越南内陆水运局没有2020年和2030年的预测数据。

资料来源：数据来自日本国际协力机构，2009年。

尽管沿海航运的运量只有4.4%，大大低于内陆水运和公路运输，但是沿海航运的吨·公里份额为28.5%，和内陆水运差不多。这是由沿海航运的货物性质决定的。因为除了空运，航海运输的距离要长于其他任何一种运输方式。因此，内陆水运和沿海航运在运输市场具有一定的需求，并适合特定的运输类型。

越南海事管理局的官方统计数字显示，从1998年至2008年的十年间，沿海航运量年平均增长率为13.2%，高于内陆水运，但是仍低于公路运输。这说明虽然沿海运输的集装箱比例一开始时很小，但是增长显著，标准集装箱在同样的十年间年平均增速达到35%。这也说明越南在过去的十年间生产和运输情况都发生了变化，以此来适应更大的产成品量，而这些商品都需要集装箱化，并且更加依赖高服务水平的物流。

虽然具体的运输方式之间有差异，但是交通运输业的增速是GDP增速的1.5~2.0倍，很明显，公路、内陆河道和沿海航运的货运增速给运输业的基础设施和服务带来了压力。重要的是，这些压力不仅仅和具体的运输路线相关，还和供应链的关键转换环节相关，比如转运中转站、存储区域和内地不同运输方式连接点。

二、内陆水运和沿海航运的增长预测

预计越南的公路货运量长期增速快于内陆水路运输和沿海航运（见表 2.1）。具体来说，公路运输在未来二十年间年均运量增速为5.9%，吨·公里的年均增速为7.5%，而内陆水运年均运量增速和吨·公里的年均增速则只有 3.3% 和 3.7%。沿海航运在未来二十年间在运量和吨·公里上都会失去一部分份额。

表 2.1 列出的长期预测的合理性，可以将对越南物流的预测和目前荷兰的货运作比较，成熟的荷兰经济大量使用内陆水运（见表 2.2）。从 2011 年收集的数据来看，荷兰的内陆水运量的市场份额为 32%，这大大小于越南目前的市场份额，但是和 2030 年的预测量接近。相反的是，荷兰当前内陆水运的吨·公里份额为 37%，高于越南内陆水运 30% 的份额，而且预计在未来二十年间这一数字还会下降。这些结果说明，在荷兰，内陆水运通常用来运输长距离货物，而在越南则相反。两国之间的水域网差异是造成这些差异的原因。

表 2.2　　2011 年荷兰各运输方式的货运量

公路运输	铁路运输	内陆水运	全部
运量（百万吨）			
694	39	344	1077
各运输方式所占份额（以运输吨位计算）			
64	4	32	100
运量（十亿吨·公里）			
73.3	6.4	46.3	126.0
各运输方式所占份额（以运输吨位计算）			
58	5	37	100
平均运输距离（千米）			
46	171	95	—

注：“—” 指不可得；平均行程的数据是 2006 年的数据。
资料来源：Ecorys/世界银行分析。

三、商品吨位和吨位分布模式

越南的内陆河道和沿海河道主要用于运输大宗商品。表 2.3 是越南货物运输的商品和运输方式分解图。建材、煤炭、水泥是内陆水运运量最大的商品，而煤炭、建材、肥料和渔产品是最依赖内陆水运的商品。对沿海航运来说，运量最大的商品有产成品、水泥和煤炭，而石油、水泥和煤炭是使用沿海航运频率最高的商品。值得一提的是，产成品一般都用集装箱运输，而内陆水运和沿海航运的产成品的总运量所占的市场份额明显较低，只有9%，这对内陆水运和沿海航运来说是个重要的市场契机。

表 2.3　2008 年按货物分类的货运量和各运输方式的份额

商品名称	内陆水运		公路运输	铁路运输	共计	内陆水运所占份额（%）	沿海航运所占份额（%）
水稻	36109	4261	78969	204	119543	30	4
甘蔗/糖	4847	88	3682	0	8617	56	1
木材	11683	914	11499	523	24619	47	4
钢铁	1015	764	41965	2156	45900	2	2
建材	370787	1914	129219	8213	510133	73	0
水泥	64387	13021	38965	3810	120183	54	11
肥料	28678	1168	8813	2939	41598	69	3
煤炭	92549	10092	12106	2377	117124	79	9
石油	5018	8234	33374	404	47030	11	18
经济作物	2415	0	5628	0	8043	30	0
制造商品	3916	13524	171895	4895	194481	2	7
渔产品	12203	0	7186	0	19389	63	0
肉类和其他	9373	4118	61578	0	750699	12	5
共计（吨/天）	642980	58098	604879	25521	1331729	n. a.	n. a.
运输方式所占份额（%吨）	48.3	4.4	45.4	1.9	100	n. a.	n. a.
平均运输距离（千米）	112	1161	143	400	178	n. a.	n. a.
运输方式所占份额（%吨·公里）	30.4	28.5	36.5	4.3	100	n. a.	n. a.

注：n. a. 指不适用。
资料来源：日本国际协力机构，2009 年。

四、内陆水运和沿海航运的运距

在越南，大部分内陆水运的距离都不超过200千米。每一种运输方式都有一定的运输距离，在此运输距离内，这种运输方式的运营成本具有竞争力，和其他运输方式相比可以吸引到更多的货物量。越南的内陆水运距离最远为300千米时效果最好，尤其是当运输距离为100～200千米时（见表2.4）。在100～200千米的运输距离内，内陆水运的运量占据压倒性的市场份额。而在400～1800千米的运输距离内，尤其是在1400～1600千米距离内，沿海航运效果最佳，占据了71%的市场份额。

表2.4　　2008年按运输距离计算的运输量和各运输方式的份额　　单位：吨/天

运输距离（千米）	内陆水运	沿海航运	公路运输	铁路运输	全部	内陆水运所占比例（%）	沿海航运所占比例（%）
<100	268974	288	442294	3114	714670	38	0
100～200	363935	639	77468	7188	449230	81	0
200～300	9236	2601	38388	5480	55707	17	5
300～400	834	590	8361	3309	13094	6	5
400～500	1	4854	2915	1154	8925	0	54
500～600	0	1614	3020	546	5180	0	31
600～700	0	1628	1907	217	3753	0	43
700～800	0	3531	1884	345	5769	0	61
800～900	0	3751	6618	596	10985	0	34
900～1000	0	225	3471	283	3979	0	6
1000～1200	0	4189	3436	800	8429	0	50
1200～1400	0	6339	1476	305	8121	0	78
1400～1600	0	23756	7295	2115	33379	0	71
1600～1800	0	4093	6309	69	10471	0	39
1800～2000	0	0	37	0	37	0	0
共计（吨/天）	642980	58098	604879	25521	1331729	48	4

资料来源：日本国际协力机构，2009年。

运输方式的竞争地位在很大程度上受到运输距离的影响。在短途运输上，公路运输具有竞争性优势，因为短途运输灵活性最关键；在长途运输上，其他运输方式则具有竞争性，因为成本是关键决定因素。在越南，内陆水运的平均运输距离为112千米，较短且相对来说不是很灵活，而公路运输的平均运输距离则为143千米，这也是内陆水运的劣势所在。这主要是因为越南的河道网主要集中在南部和北部省份，而公路运输网能到达的地方更多，比如中部省份，在这些地区可通航的河道有限，而且这些地区距离北部和南部的经济中心相对较远。

在西欧，内陆水运在200~600千米的中长运输距离内具有竞争性优势。在越南，内陆水路运输必须在短途运输上和公路运输竞争来赢得货运市场份额。这也说明开发内陆水运需要经济合算的货船、可利用的装卸设备和高质量的物流服务。

五、主要货物流

（一）地区路线和运输方式竞争

由于越南内地河道网都集中在某一地区，减少了河道运输的距离，内陆水运要想增加运量份额，就必须和公路网进行竞争，因为铁路网主要是用于远距离、连接南北方的运输，所以和河道运输在地理上几乎没有重合。考虑到越南沿海运输的距离，沿海航运主要是和铁路运输而不是和河道运输竞争。在红河和湄公河之间的铁路运输量仍然很小，只能说明越南的铁路服务质量和可靠性依然很低。[①] 因此，本书的余下部分将集中分析河道运输和沿海航运和公路运输相比的经济优势。

（二）地区内部和区域之间的主要走廊

1. 红河三角洲地区

三个货运走廊占省际间、区域内公路货运和内地河道货运量的71%，这些走廊如下所示（地图2.1凸显了它们的位置）：

- 走廊1：广宁—海防—海阳—河内—越池
- 走廊2：海防—太平—河南—南定—宁平—广宁
- 走廊3：河内—带河/沥河

如表2.5所示，在2008年，每天有63.1万吨的货物在红河三角洲的各省间通过公路或河道进行运输，其中，37.5万吨是水运，占运输总额的59%；25.6万吨是公路运输，占运输总额的41%。预计在2008—2020年间，红河三角洲省际货物运输的增长率为3.6%，2020—2030年间的增长率为2.6%。

① 铁路运输在越南全国的省际运输量中只占2%的份额。

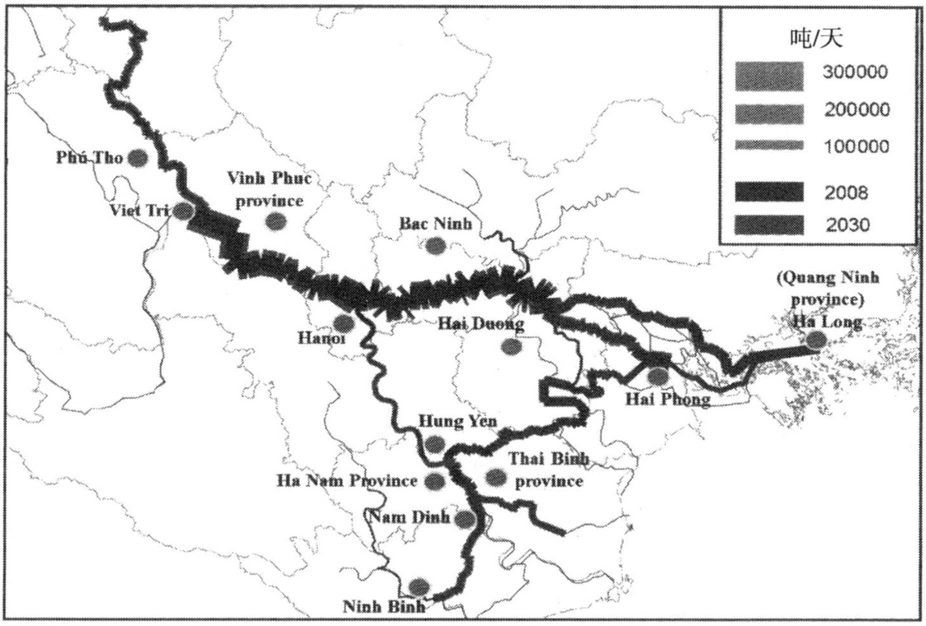

地图 2.1　北部地区的主要走廊

资料来源：Ecorys，日本国际协力机构，2009 年。

表 2.5　　红河三角洲地区当前和预测的公路及河道省际货运量　　单位：吨/天

	运输方式	2008 年	2020 年	2030 年	2008—2020 年的年增长率（%）	2020—2030 年的年增长率（%）
全部的三角洲	内陆水运	374616	518361	638149	2.7	2.1
	公路运输	256203	446329	604768	4.7	3.1
	两者	630819	964691	1242917	3.6	2.6
走廊 1	内陆水运	225671	304726	370606	2.5	2.0
	公路运输	91186	166832	229871	5.2	3.3
	两者	316857	471559	600477	3.4	2.4
走廊 2	内陆水运	19890	37858	52832	5.5	3.4
	公路运输	33236	50983	60149	3.6	1.7
	两者	53126	88841	112981	4.4	2.4
走廊 3	内陆水运	62176	81096	96862	2.2	1.8
	公路运输	16531	25706	28336	3.7	1.0
	两者	78707	106801	124198	2.6	1.6

续 表

	运输方式	2008 年	2020 年	2030 年	2008—2020 年的年增长率（%）	2020—2030 年的年增长率（%）
三条走廊	内陆水运	307737	423680	520300	2. 7	2. 1
	公路运输	140953	243521	318356	4. 7	2. 7
	两者	448690	667201	838656	3. 4	2. 3

资料来源：日本国际协力机构，2009 年。

预计到 2020 年，红河三角洲的省际间，每天的河道货运量可达 51. 8 万吨，公路货运量可达 44. 6 万吨，这也就是说内地河道运输额从 59% 下降到 54%，下降了 5%。下降的原因是区域运输的货物性质发生了变化，主要是从原材料向产成品转变。

2. 湄公河三角洲

2008 年湄公河三角洲地区每天省际间的货运量为 46. 6 万吨（每天河道运量为 26. 1 万吨，公路运量为 20. 6 万吨）。这比同年在红河三角洲注册的运量要低（见表 2. 5）。湄公河三角洲省际间的公路和河道运量预计将以每年 6. 1% 的速度持续增长，一直增长到 2020 年，在 2020 年和 2030 年之间将会放缓至 3. 6%。这两个预测明显高于红河三角洲地区，反映了越南南部制造业、水产养殖和农业持续的活力。

表 2. 6　湄公河地区当前和预测的主要省际货运量　单位：吨/天

	运输方式	2008 年	2020 年	2030 年	2008—2020 年的年增长率（%）	2020—2030 年的年增长率（%）
全部的三角洲	内陆水运	260663	461606	629059	4. 9	3. 1
	公路运输	205661	490279	727461	7. 5	4. 0
	两者	466324	951885	1356520	6. 1	3. 6
走廊 1	内陆水运	115810	231839	328529	6. 0	3. 5
	公路运输	21664	53519	80064	7. 8	4. 1
	两者	137474	285357	408593	6. 3	3. 7
走廊 2	内陆水运	23452	45961	64719	5. 8	3. 5
	公路运输	2615	24790	43270	20. 6	5. 7
	两者	26067	70752	107989	8. 7	4. 3
全部两个走廊	内陆水运	139262	277800	393248	5. 9	3. 5
	公路运输	24279	78309	123334	10. 3	4. 6
	两者	163541	356109	516582	6. 7	3. 8

资料来源：日本国际协力机构，2009 年。

预计到2020年，湄公河三角洲省际间每天的河道运输量为46.2万吨，公路运输量为49万吨。和对红河三角洲的预测一样，这些预测说明在未来十年内，内地河道运输量预计会从56%下降到48%。

两个主要的湄公河三角洲货运走廊（见地图2.2）：

- 走廊1：胡志明市—槟椥—美拖—永隆

（胡志明市—前江—永隆—同塔—安江—芹苴—后江）

- 走廊2：胡志明市—前江—槟椥—茶荣—朔庄—带河/沥河

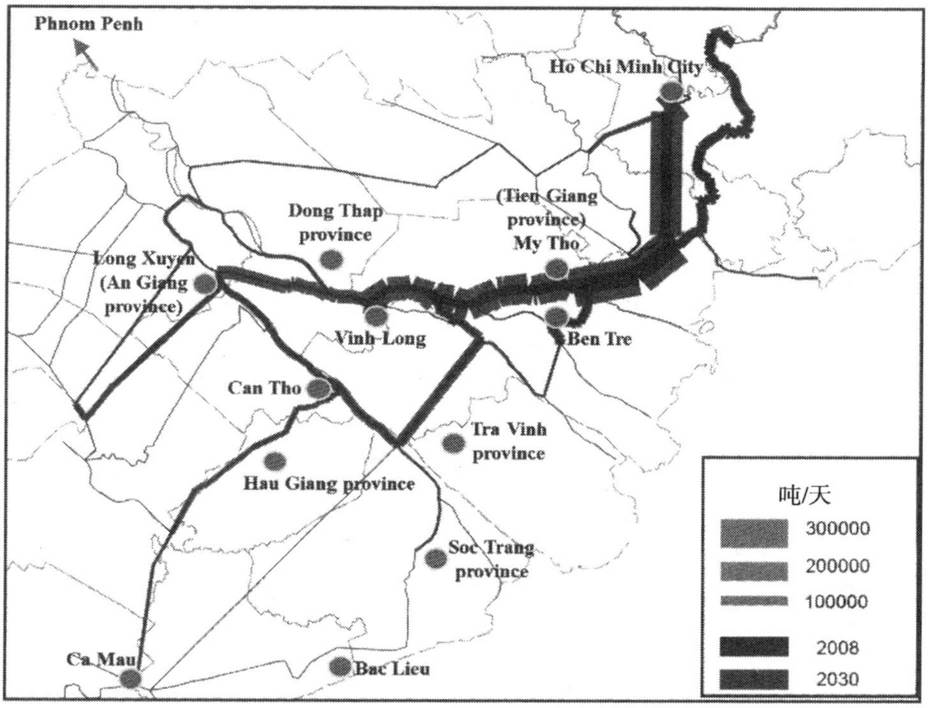

地图2.2　湄公河三角洲地区的主要走廊

资料来源：Ecorys，日本国际协力机构，2009年。

3. 沿海航运

此报告重点强调公共部门的干预措施，这可能会使得运输模式从公路转向河道，对国内南北贸易货运流（指红河三角洲和湄公河三角洲之间的货物运输）的分析集中在卡车和轮船运输的集装箱货物。这种货物运输最容易受运输方式的影响。在这些地区之间，通过公路或船舶运输的液体或固体大宗货物虽然量很大，但不是本书关注的焦点，运输方式的转变对这些货物的影响不大。大多数大宗交易商品已通过沿海航运进行运输。南北之间的铁路货运也不在本书研究之内，因为铁路运输量相对来说很小①，如果用运输时间和运输时间变动性来衡量，铁路服务质量也不高。从改进服务质量的角度来看，从公路运输向铁路运输转变的可能性很小。

2008 年，在两个三角洲之间每天大概要运输 2.9 万吨集装箱货物，其中南向货物运输量为 1.3 万吨，北向货物运输量为 1.6 万吨（见表 2.7）。换句话说，南北贸易整体上不平衡，货物更多的是从南部运往北部。

表 2.7　　南北轴的公路和海运集装箱货运量　　单位：吨/天

	2008 年	2020 年	2030 年	2008—2020 年的年增长率（%）	2020—2030 年的年增长率（%）
公路					
北向南	3341	22923	39241	17.4	5.5
南向北	7624	20347	30950	8.5	4.3
双方向	10965	43270	70191	12.1	5.0
沿海航运					
北向南	9611	65945	112889	17.4	5.5
南向北	8642	23064	35083	8.5	4.3
双方向	18254	89009	147972	14.1	5.2
全部					
北向南	12952	88868	152130	17.4	5.5
南向北	16266	43411	66033	8.5	4.3
双方向	29219	132279	218163	13.4	5.1

注：日本国际协力机构（2009）不提供除 2008 年之外的沿海贸易中的集装箱量。在此所做的假设是沿海集装箱的增量率同公路集装箱的增长率一样，公路集装箱增长率可根据日本国际协力机构（2009）2020 年和 2030 年的数据做出预测。考虑到公路运输和沿海运输的货物种类相似，做出这样的假设合乎情理。

资料来源：日本国际协力机构，2009 年。

但是如果用运输方式来划分的话，就是另一种情况：南向运输主要是沿海航运，而北行运输主要是高速公路运输。这可能也反映了南北方不同的经济类型，因为湄公河三角洲是以工业和制造业为主，比起北方三角洲地区，南方的供应链更多的是依靠公路运输。所以日本国际协力机构 2009 年的预测表明，在未来的二十年间，通过三角洲内的公路和内地河道进行运输的北向南（公路和海运）集装箱运输量会增长，而内地河道也运输非集装箱货物。

① 尽管南北贸易线路很长，但是铁路运输只占到南北贸易运输量的 5%。

（三）近距离看红河三角洲地区

地图2.1列出了红河三角洲的三种河道走廊。走廊1（从广宁到越池）是最活跃的一条线，承载60%的内地河道运输；走廊2（从广宁到宁平）是红河三角洲第二重要的走廊，承载17%的内地河道运输；走廊3（从宁平到河内）只承载5%的运输量。这三条走廊加在一起承载了82%的内地河道运输。

1. 走廊1：从广宁到越池

表2.8给出了走廊1以内地河道运输和公路运输来划分，从始发地—目的地来计算的货物运输数据。海阳、富寿和广宁是向外运输的主要源头，而河内和海防是两个最重要的货物运输目的地。广宁是重要的产煤区，整个红河三角洲的用煤几乎全部来自广宁。此外，海阳和富寿是重要的建材和水泥生产省，为河内和海防以及周边省份高速发展的建筑市场提供建材。

表2.8　　2008年红河三角洲走廊1始发地—目的地的货运量

	河内	永富	北宁	海东	海防	广宁	富寿	共计
每天的内陆水运吨数								
河内	n. a.	100	—	300	5640	880	3040	9960
永富	1430	n. a.	—	—	—	590	30	2050
北宁	1200	—	n. a.	—	—	—	—	1200
海东	49880	—	—	n. a.	—	7605	5860	63345
海防	4500	—	—	—	n. a.	4050	5200	13750
广宁	17400	150	14720	15477	560	n. a.	14280	62587
富寿	11400	300	3010	6319	44110	7640	n. a.	72779
共计	85810	550	17730	22096	50310	20765	28410	225671
每天的公路运输吨数								
河内	n. a.	2564	10835	2071	2200	109	214	17993
永富	7674	n. a.	35	65	1591	151	535	10051
北宁	5215	16	n. a.	3	126	60	30	5450
海东	1810	873	964	n. a.	7606	830	255	12338
海防	7462	218	452	10034	n. a.	1055	365	29586
广宁	376	220	106	2695	5910	n. a.	—	9307
富寿	72	4818	812	3	756	—	n. a.	6461
估计	32609	8709	13204	14871	18189	2205	1399	91186

注："—"指不可得；n. a. 指不适用；始发地是最左边一栏，目的地是横着的一排。

资料来源：日本国际协力机构，2009年。

2. 走廊 2：从广宁到宁平

走廊 2 不是将海洋和人口密集区如河内连接起来，而是和海岸线平行。所以走廊 2 的作用就是在海上天气不好时，充当从广宁到富寿的沿海运输的替代路线，这也增强了运输网的灵活性。走廊 2 的公路和河道运输量都是走廊 1 的一小部分（见表 2.9）。

表 2.9　2008 年红河三角洲走廊 2 始发地—目的地的货运量

	海防	太平	河南	南定	宁平	广宁	共计
内陆水运每天的运输吨位							
海防	n. a.	4426	280	—	200	4050	8956
太平	—	n. a.	—	500	600	—	1100
河南	—	2000	n. a.	800	—	—	2800
南定	1500	900	—	n. a.	400	800	3600
宁平	5800	5000	—	2250	n. a.	—	13050
广宁	560	11060	300	11920	8830	n. a.	32670
共计	7860	23386	580	15470	10030	4850	62176
公路运输每天的运输吨位							
海防	n. a.	4789	11	1475	531	1055	7861
太平	1308	n. a.	—	75	—	127	1510
河南	210	6	n. a.	78	—	9	303
南定	444	—	30	n. a.	—	57	521
宁平	105	248	—	—	n. a.	—	353
广宁	5910	—	—	73	—	n. a.	5983
共计	7977	5043	31	1701	531	1248	16531

注："—" 指不可得；n. a. 指不适用；始发地是最左边一栏，目的地是横着的一排。

资料来源：日本国际协力机构，2009 年。

3. 走廊 3：从宁平到河内

表 2. 10 列出了走廊 3 北向南的货物运输量。内地河道运输是最主要的北向运输方式，反映了南北方贸易的不平衡。2008 年时还没有从河内或兴安向南运出的货物。在下游的省份中，这种内陆水运方式的比例相当高，说明这一地区大宗货物的重要性。兴安是重要的加工基地，南定和富寿主要提供水泥、建材和煤炭。

表 2.10　　2008 年红河三角洲走廊 3 始发地—目的地的货运量

	河内	兴安	太平	河南	南定	宁平	共计
内陆水运每天的运输吨位							
河内	n. a.	—	—	—	—	—	—
兴安	—	n. a.	—	—	—	—	—
太平	—	—	n. a.	—	500	600	1100
河南	1600	—	2000	n. a.	800	—	4400
南定	3340	900	900	—	n. a.	400	5540
宁平	800	800	5000	—	2250	n. a.	8850
共计	5740	1700	7900	—	3550	1000	19890
公路运输每天的运输吨位							
河内	n. a.	5257	54	232	215	88	5846
兴安	22426	n. a.	272	26	33	—	22757
太平	51	248	n. a.	—	75	—	374
河南	706	2818	6	n. a.	78	—	3608
南定	34	—	—	20	n. a.	—	54
宁平	346	3	248	—	—	n. a.	597
共计	23563	8326	580	278	401	88	33236

注：“—”指不可得；n. a. 指不适用；始发地是最左边一栏，目的地是横着的一排。

资料来源：日本国际协力机构，2009 年。

（四）近距离看湄公河三角洲地区

地图 2.2 是从胡志明市到带河/沥河，以及远到永隆市之间的货运图。走廊 1 和走廊 2 平行通过槟椥。这两个走廊和胡志明市的距离越远，运输量也越小。走廊 1 和走廊 2 承载了整个湄公河三角洲运输量的 52%。走廊 1 占据了湄公河运内地河道运输量的 44%，走廊 2 的运输量只占到 8%。

1. 走廊 1：胡志明市—东北地区

胡志明市是湄公河三角洲地区交通运输的主要始发地和目的地（见表 2.11）。因为胡志明市是加工制造和消费中心，所以进出胡志明市的货物相对来说呈现多样化，既有原材料也有加工产品。安江省和建江省也是重要货物运输目的地。在这一地区，公路运输量低于内陆水运，后江和芹苴之间的路线除外，因为这两地的运输距离较短。如果把所有成本（如码头装卸费）都考虑在内的话，内地河道运输的优势就会受到限制。

表 2.11 2008 年湄公河三角洲走廊 1 始发地—目的地的货运量

	胡志明市	前江	永隆	同塔	AG + KG[a]	芹苴	后江	共计
每天的内陆水运吨数								
胡志明市	n. a.	4100	3005	100	8935	27820	—	43960
前江	1650	n. a.	—	—	108	325	250	2333
永隆	15135	54	n. a.	—	56	—	5	15250
同塔	3300	—	—	n. a.	3378	1210	—	7888
AG + KG[a]	6673	702	176	1349	n. a.	7915	2801	19616
芹苴	500	55	—	—	22720	n. a.	2123	25398
后江	250	225	—	—	890	—	n. a.	1365
共计	27508	5136	3181	1449	36087	37270	5179	115810
每天的公路运输吨数								
胡志明市	n. a.	916	102	179	757	350	48	2352
前江	717	n. a.	—	—	—	23	14	754
永隆	177	—	n. a.	—	—	574	80	831
同塔	354	—	—	n. a.	9	16	45	424
AG + KG[a]	1126	2	—	—	n. a.	3144	56	4328
芹苴	168	242	1087	—	3253	n. a.	5424	10174
后江	69	—	15	10	—	2707	n. a.	2801
共计	2611	1106	1204	189	4019	6814	5667	21664

注：“—” 指不可得；n. a. 指不适用；始发地是最左边一栏，目的地是横着的一排。

a. 安江省和建江省。

资料来源：日本国际协力机构，2009 年。

2. 走廊 2：胡志明市—西南

走廊 2 的最北边（从胡志明市到前江）和走廊 1 重叠。通过槟椥的货运量都很大，但是离胡志明市越远，运输量大幅下降（见表 2.12）。槟椥是重要的稻米和建材产地。公路运输在走廊 2 的作用不大，运输量仅为内地河道运输的 10%。

表 2.12 2008 年湄公河三角洲走廊 2 始发地—目的地的货运量

	胡志明市	前江	槟椥	茶荣	朔庄	BL + CM[a]	共计
内陆水运每天的运输吨数							
胡志明市	n. a.	4100	1380	—	465	—	5945
前江	1650	n. a.	569	—	—	15	2234
槟椥	12463	1500	n. a.	—	—	—	13963

续　表

	胡志明市	前江	槟椥	茶荣	朔庄	BL + CM[a]	共计
茶荣	—	27	73	n. a.	—	—	100
朔庄	—	210	1000	—	n. a.	—	1210
BL + CM[a]	—	—	—	—	—	n. a.	-
共计	14113	5837	3022	—	465	15	23452
公路运输每天的运输吨数							
胡志明市	n. a.	916	122	80	28	86	1232
前江	717	n. a.	—	—	128	—	845
槟椥	206	—	n. a.	—	—	32	238
茶荣	59	—	—	n. a.	—	—	59
朔庄	31		—	—	n. a.	—	31
BL + CM[a]	100	110	—	—	—	n. a.	210
共计	1113	1206	122	80	156	118	2615

注："—" 指不可得；n. a. 指不适用；始发地是最左边一栏，目的地是横着的一排。

a. 薄辽省和金瓯省。

资料来源：日本国际协力机构，2009 年。

（五）湄公河流域的集装箱运输

根据路易斯·伯杰集团公司和荷兰皇家豪思康宁集团 2006 年的报告，湄公河最繁忙的码头之一芹苴在 2005 年处理了 19000 件标准集装箱。对芹苴和湄公河流域其他省份间的集装箱供应链来说，公路运输量和河道运输量分别为 38% 和 62%。但是公路运输在芹苴和胡志明市之间的集装箱运输中却占到了近 90% 的比例，这也反映了进出胡志明市的货运供应链对时间要求更严格，因为运输的往往是高附加值货物。但是随着道路交通拥堵越来越严重，尤其是进出胡志明市，连接胡志明市和湄公河三角洲的驳船运输越来越普及（见补充材料 2. 1），大约有 1/3 的集装箱是在西贡码头通过 16 ~ 64 标准集装箱的驳船运往其他的内陆集装箱货运站。

补充材料 2. 1

湄公河的新集装箱路线

新港物流是西贡新港总公司旗下的一家附属公司，新开通了一条到湄公河三角洲的用驳船运输的水上集装箱路线，这样就将胡志明市和芹苴市以及安江省的美拖市的河港连接起来。使用的驳船可装载24～36标准集装箱，每天只发一班。

新航线运输的货物大都是农产品，之前都是用卡车运输，新航线开通后在胡志明市统一集装箱化。现在货物在美拖就可以装进集装箱，再通过河道运输到胡志明市的新港，接着装到更大的远洋船，就可以出口了。这样的运输方式不仅降低了运输成本，而且减少了这一地区公路运输的负担，更增加了湄公河三角洲各省、胡志明市，以及和世界各地的货运量。之前将货物从芹苴和安江运往欧洲和美国的时间为30～45天，现在运输时间已降到20～27天。

（六）内陆水运的市场结构

船运公司

在北部地区，大宗货物的内陆水运都是国有的内陆水运公司通过顶推拖船和多构造驳船进行的。在南部地区，尤其是湄公河三角洲地区，内陆水运多数由私人企业在运营，大多是使用非自航驳船和自航驳船，运输的货物通常为大米和其他农作物，且运输量不大。私营业者之间的竞争非常激烈。在内陆水运行业，有两家国有的水运公司：南方水运公司和北方水运公司。其他部下属的国有公司和自营运输商也为水泥厂、造纸厂、建材企业和其他类似货物生产商提供定制服务。

北方内陆水运公司（简称NIWTC）为国有公司，是红河三角洲地区最重要的水运服务提供商，提供了这一地区75%的内陆水运量，为北方省份如海防、广宁、北江、南定、太平和越池提供运输服务。

南方内陆水运公司（简称SOWATCO），是和北方内陆水运公司相对应的公司，活跃于湄公河三角洲地区。和北方内陆水运公司相比，南方内陆水运公司的市场份额要小得多，因为和北部地区相比，南部地区的私营运营商要活跃得多。2005年，75%～80%的船舶吨位都是由私营公司或私营业主运营的，剩下的才是南方内陆水运公司的份额。值得一提的是位于胡志明市附近的西贡河，航运利益驱使驳船主进行大规模的运货。南部地区的私营水运公司有：

- 破坝前江合作公司
- 河仙合资公司
- 芹苴内陆水运公司
- 猎鹰船运公司
- 越南海运航运公司
- 统一船运公司
- 清龙船运公司
- 新港物流公司（见补充材料2.1）

如果从市场份额来看，南方内陆水运公司没有像北方内陆水运公司控制北部地区一样控制南部地区；但是只看集装箱运输，南方内陆水运公司却是最大的公司，几乎占据一半的市场份额。这是因为南方内陆水运公司是拥有越南国际集装箱码头的跨国公司的当地合作者，并且还参与船运业务。此外，南方内陆水运公司还运营几艘专运集装箱的船舶。

六、沿海航运

（一）海运量

越南的海运一般运输大宗货物，沿着走廊连接南北方之间的工业中心。大约53%的海运都用来运输水泥、煤和石油产品，这些一般都是大宗运输（见表2.3）。但是，不容忽略的是23%的海运是加工制造产品，一般为集装箱运输。海防到胡志明市的海上距离为1700千米，所以海运的平均运程为1161千米也就不足为奇了，是铁路平均运输距离的3倍，公路平均运输距离的8倍。和海运的天然竞争者公路和铁路相比，长距离运输就更加受到货主的青睐了（尤其是大宗货物运输）。

从1995年到2008年，越南每年通过海港运输的货物量（包括国际和国内）平均增速为14%，从3800万吨增长到1.97亿吨（见图2.1）。从2001年到2008年，国内海港货运量从2000万吨增长到4300万吨，年平均增速为11.4%。在这八年中，沿海航运占到海港总吨位的21%～24%（见表2.13）。

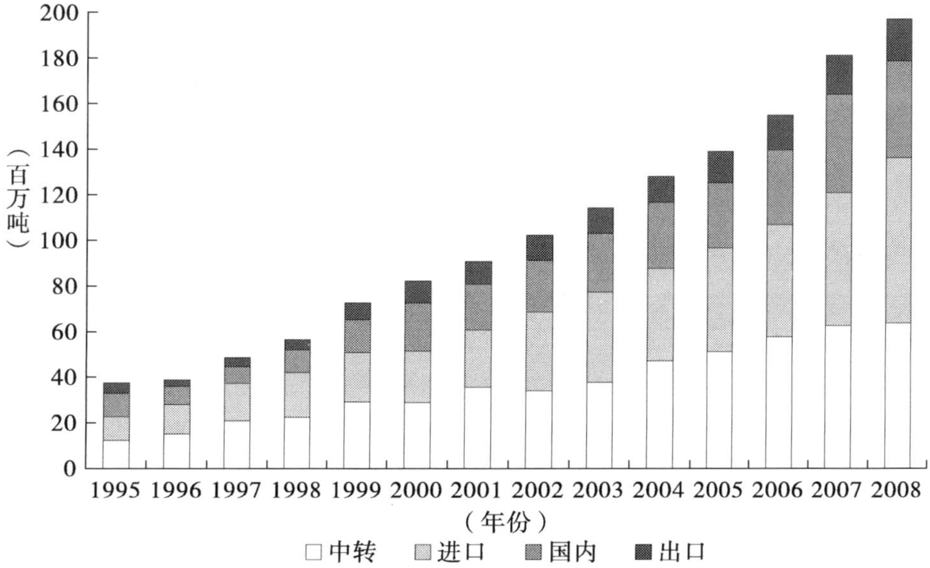

图2.1　1995—2008年根据货运类型统计的越南海港的吞吐量

资料来源：数据来自越南航海局。

表 2.13　　1995—2008 年越南海港处理的货物量　　单位：百万吨

年份	出口	进口	国内	中转	共计	所占份额（%）
1995	12.9	10.6	10.5	3.7	37.7	28
1996	15.9	13.1	8.1	2.1	39.2	25
1997	21.2	17.2	7.3	3.2	48.8	15
1998	22.8	20.0	10.0	4.0	56.9	18
1999	29.6	22.3	14.3	6.5	72.8	20
2000	29.0	23.1	21.2	9.1	82.4	26
2001	35.9	25.4	20.1	9.6	91.1	22
2002	34.5	35.0	22.7	10.1	102.3	22
2003	37.9	39.9	25.9	10.6	114.2	23
2004	47.1	41.3	29.0	10.3	127.7	23
2005	51.2	45.8	28.9	12.6	138.4	21
2006	57.6	49.1	33.1	14.7	154.5	21
2007	62.5	58.6	42.93.7	17.1	181.1	24
2008	63.7	72.4	42.8	17.1	196.6	22

资料来源：数据来自越南航海局。

（二）集装箱运输

1. 集装箱货物（国内货物）

从 1995 年到 2008 年，越南海港集装箱运输量大幅增长（见表 2.14 和图 2.2），在此期间，越南海港每年的集装箱货运量从 315000 个标准集装箱增长到 5023000 个标准集装箱，年增长率为 24%。这样的货运量和泰国持平，而泰国的集装箱运输起步得更早。越南的集装箱运输最早始于 1997 年，但是到了 2008 年年底，货运量就达到 876000 个标准集装箱。从 2001 年到 2008 年，海运集装箱货运量以每年 13.2% 的速度增长。

表 2.14　　1995—2008 年越南海港处理的集装箱货物量　　单位：千个标准集装箱

年份	出口	进口	国内	共计	所占份额（%）
1995	153	163	0	315	0
1996	226	239	0	465	0
1997	381	372	7	761	1
1998	376	382	42	800	5

续　表

年份	出口	进口	国内	共计	所占份额（%）
1999	440	449	61	950	6
2000	497	513	137	1148	12
2001	478	501	367	1346	27
2002	748	730	240	1718	14
2003	883	875	285	2043	14
2004	1059	1046	333	2438	14
2005	1266	1217	436	2920	15
2006	1475	1428	507	3411	15
2007	1837	1878	774	4489	17
2008	2046	2105	876	5023	17

注：由于缺少统计数据，表中不包含中转集装箱量。
资料来源：数据来自越南航海局。

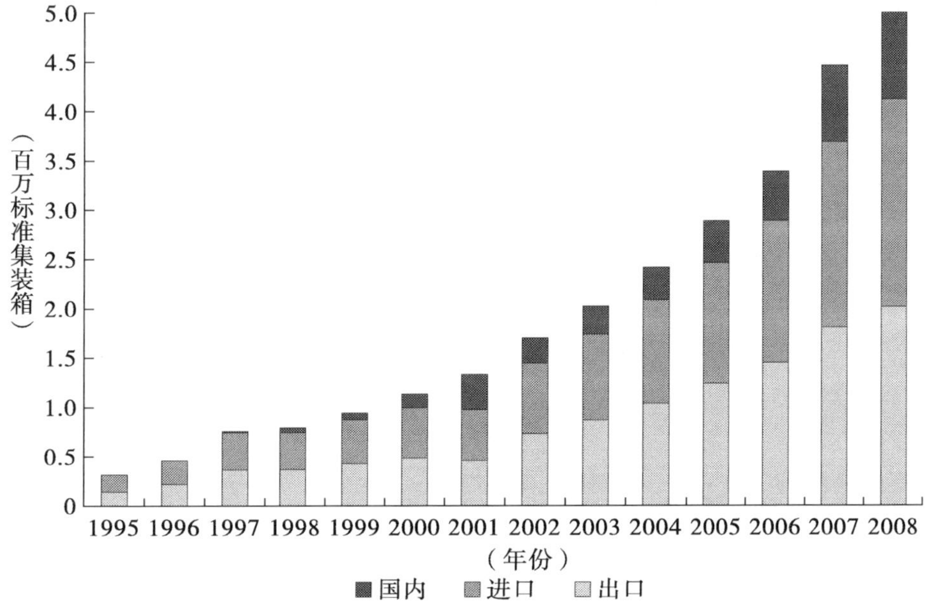

图 2.2　1995—2008 年根据货运类型统计的越南海港的集装箱吞吐量

注：由于缺少统计数据，图中不包含中转集装箱量。
资料来源：数据来自越南航海局。

2. 集装箱货物（支线货物）

一直到 2009 年年中，越南的海港都没有收到来自亚洲—欧洲、亚洲—北美

（跨太平洋）贸易线路发出的集装箱货运订单。越南和欧洲、北美及亚洲地区的集装箱贸易都要在诸如新加坡、中国香港、中国大陆等枢纽港转运。只有和邻近的亚洲国家的贸易才不需要转运而是直接运输。随着在胡志明市周边开通洲际集装箱运营路线，现在这一局面已变，预计中期内在北部地区会开通类似的路线。现在，不少国际集装箱船运公司都开展从越南港口到美国的货运业务。（大联盟，东方海外货柜有限公司，赫伯罗特集装箱船务有限公司和日本邮船株式会社）。国际码头 SP－PSA（位于巴地头顿）声称一周开通四班直通美国西海岸的货轮。这条航线上最大的船舶容量为9000个标准集装箱，运送时间为16～22天。胡志明市旁边的新港－盖梅港码头宣称，从2009年6月开始有直接发往欧洲和北美的集装箱航线。2009年的前5个月，这个码头就接纳了直接来自欧洲和北美的10万个标准集装箱的货运量。越南主要的集装箱码头集中在北部的海防一带以及南部的胡志明码头一带（见图2.3）。到目前为止，最大的集装箱运量都集中在胡志明市，超过了越南海运总量的60%。

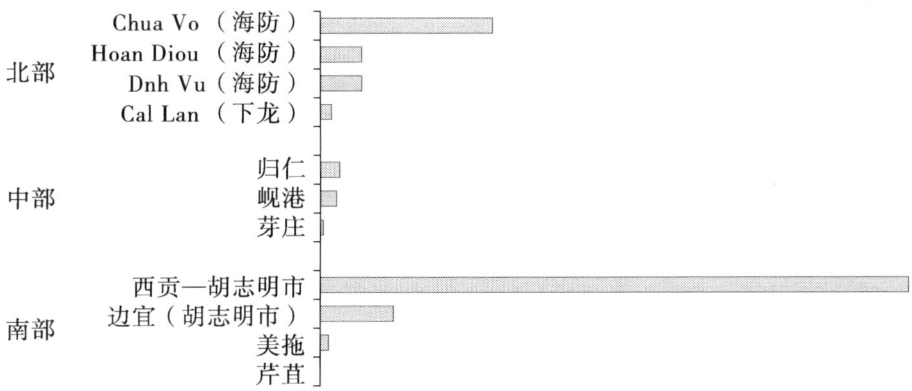

图2.3 2007年根据吞吐量统计的越南最大的集装箱码头

资料来源：数据来自从日本国际协力机构2009年引用的OCDI和CMB数据。

3. 海—河运输

越南大部分的主要海港都沿河而建，所以分不清内陆水运在哪儿结束，沿海航运从哪儿开始。这样的重合使得对码头和河道的使用，以及对码头和河道的维护职责划分都变得模棱两可。

还没有数据可以根据内陆水运或沿海航运的货运量来勾勒海—河运输。但是出海船舶在红河和湄公河都是往上游航行，这两条河里的很多码头都可以接纳来船。码头越设在上游，水位变化越会季节性地限制船舶。比如，芹苴的河港主要服务出海的船舶，这些出海的船舶主要运输出口货物，比如食物、大米、木材、水泥、煤炭、瓷器和肥料。虽然有些采访的利益相关者提到这些海—河船舶可以沿着湄公河一路航行到柬埔寨的金边，但是研究小组没有找到证据来证实这一说法。

关于海—河运输的另一个问题是在海洋里使用内河驳船。两个河口之间的短距离，尤其是在南方地区，有时候会使用内陆水运船舶。欧洲也有同样的做法（比如在黑海）。这样的水运要求水面平静，而且无法在南北方之间长距离进行。目前还没具体的船舶数量和运货量。

（三）沿海运输的市场结构

越南国家航运公司（Vietnam National Shipping Lines，简称 Vinalines）是运营出海船舶的国有企业。这家公司还同时运营大部分的高吨位商业码头。2006 年，越南国家航运公司控制了沿海航运市场（Meyrick and Associates *et al.* 2006）。根据日本国际协力机构 2009 年的报告，2009 年情况依然如此，越南国家航运公司的市场份额为 60%。[①] 虽然无法获取越南国家航运公司详细的运输信息，但是市场观察者认为在 2010 年尽管越南国家航运公司的市场份额出现了下滑，但依然控制了市场。越南国家航运公司的业务主要还是集中在国内和地区间贸易，没有开展跨洲船运业务。

实际上，越南国家航运公司是唯一提供北—南沿海航运定期航班业务的运营商。其他的运营商（包括 Nhat Hai Dang JSC - Lighthouse）虽然也提供北—南沿海航运业务，但是都不提供定期航班业务。较多的竞争有可能会降低服务税率，增加航班次数和多样性，降低航行和等待时间。

（四）内陆水运和沿海航运之间的竞争地位

1. 内陆水运的竞争地位

在评估红河三角洲和湄公河三角洲内陆水运体系的吸引力和潜力之前，应该先弄清楚两种运输类型的区别：

（1）中短途运输——一省之内的地方性运输，可称为连接节点的内部或支流运输，货物被进一步运往其他省份；

（2）中长途运输——省际运输。

载重量小于 10 吨或载重量为 10 ~ 50 吨的船舶一般用于第一种类型的运输。承载量为 50 ~ 100 吨的船舶用于支流运输和长途运输，100 吨以上的船舶只用于长途运输。

和柬埔寨的跨境贸易说明可以通过走廊进入市场（见地图 2.3）。有三家使用 50 ~ 150 吨位船舶的公司在这条繁忙的河道上运营。此线路单程一般为 2 ~ 3 天，运价为一个标准

① 日本国际协力机构（2009）越南国家航运公司运营越南 60% 的船队（就运输吨位来说）。

集装箱收费250美元。这比沿海路线更具竞争力，因为沿海航运需要从湄公河三角洲通向西哈努克港口。维护和升级这条河道是南部地区沿海航运战略的核心，也将使柬埔寨极大地获益。

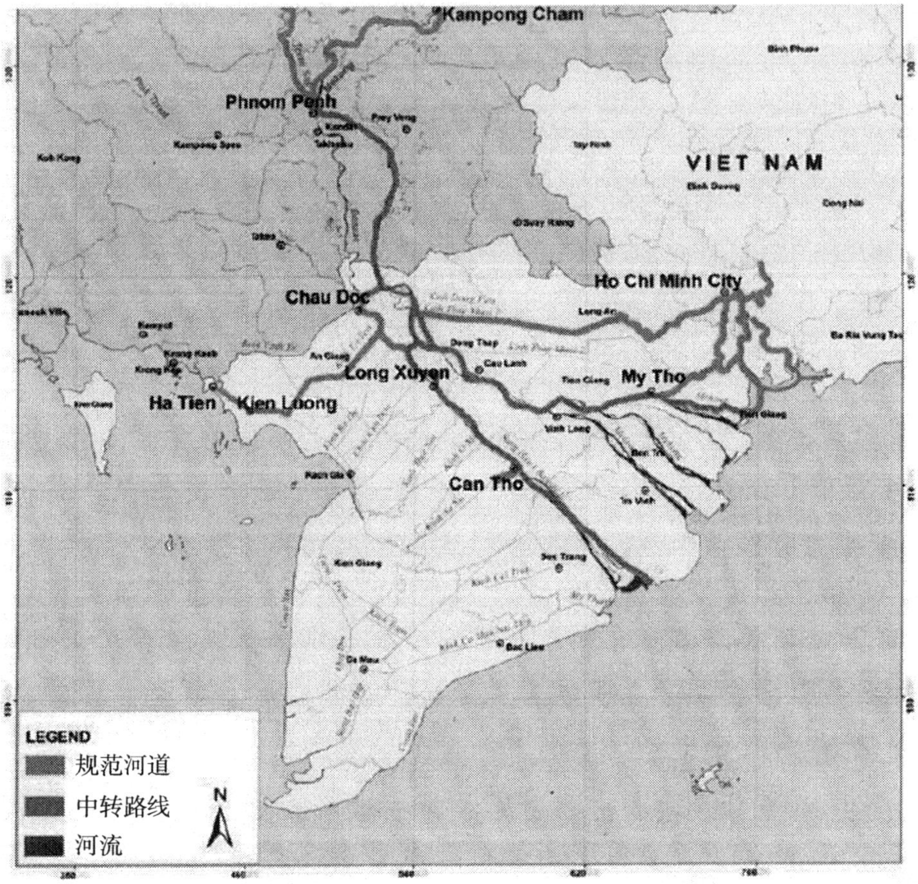

地图2.3 越南和柬埔寨之间的跨境水运

资料来源：湄公河管理委员会。

整合货运和定期内陆水运的需求一直在增长，这和欧洲类似①。第五章探讨联合运输的可能区域。根据 ALMEC Corp.（2006）对内陆水运方式的假设（见表2.15），在北部地区，包括装卸费，每吨·公里的平均运费为0.0257美元。这样，当财务成本是决定因素时，和公路运输相比，内陆水运具有极大的优势。本书的计算也证实了这一优势（见附录E）。

① 受采访的多位私营利益相关者证实了这点，详见附录A。

表 2.15　　北部地区综合运输战略研究 2005 年内陆水运量和运输成本

货物		运输成本（百万美元）			每吨的成本（美元）			河道（美元/吨·公里）
吨（百万）	吨·公里（百万）	共计	港口	河道	共计	港口	河道	
40.2	5610	188.1	44.1	144	4.72	1.1	3.62	0.0257

资料来源：ALMEC Corp. 2006 年。

估计深水集装箱码头（包括已投入运营的和计划中的），比如南部地区头顿地带的码头，会在中期内吸引大吨量的货物。每个集装箱一周可以吸引 5000 件标准集装箱，或者每年 25 万件。如果所有这些往返于内地（胡志明市和周边）的货运量全由公路承担，那么公路网将承担巨大的压力，造成延期，削弱集装箱码头的竞争力和价值。但如果在胡志明市和美拖之间引入现代驳船服务，就能减轻公路的压力。这些可以发挥类似鹿特丹集装箱中转站的功能（见补充材料 2.2）。基于其他国家的要求和经验，越南也可以开发这些服务。

2. 沿海航运的竞争地位

越南国家航运公司一周提供九班往返胡志明市和河内之间的航班，北向南总运量为 40 万件标准集装箱，南向北总运量为 20 万件标准集装箱。考虑到北—南之间的不平衡，南向的运费平均要比北向的运费低 20% ~25%。船舶大小为 500 ~ 1000 标准集装箱。根据越南国家航运公司提供的数据可知，在运输距离小于 200 千米时，公路运输占主导，运输距离超过 300 千米时，沿海运输占主导。随着高速公路网继续延伸和趋向现代化，未来公路运输的相对优势会向长距离运输延伸。

补充材料 2.2

鹿特丹港附近的集装箱运转站

和内陆水运小型船舶的运量相比，由于来往于鹿特丹港口大型船舶运输的集装箱的聚集，公路（A15）很难到达鹿特丹港口。鹿特丹港务局已开始一项在鹿特丹附近的阿尔布拉瑟丹建造集装箱转运站的项目，以此来缓解码头的拥堵。交通部会对此进行投资，以此将公路和集装箱转运站连接起来。荷兰的大型码头运营商 BCTN 将会运营这一码头。码头的面积为 4 公顷，有一个 255 米的码头，于 2014 年早期投入使用。

运营三年来，集装箱转运站有 20 万个标准集装箱从公路运输转移到水运，这相当于集装箱卡车在内地高速公路上运量的 10%。卡车在阿尔布拉瑟丹的集装箱转运站发货和收货，阿尔布拉瑟丹的集装箱转运站距离鹿特丹的马斯弗拉克特港口50千米，两者之间通过载重量超过200个标准集装箱的大型内河船舶连接。集装箱的始发地和目的地离集装箱转运站都不远。港务局也用同样的理念来支持政府促进铁路和河道运输，以及集装箱运输由公路向其他运输方式转变的政策。

资料来源：鹿特丹港口的数据。

对胡志明市和海防市之间的20英尺集装箱的公路运输、铁路运输和沿海运输的运费进行的初步调查说明了海运的价格优势：

公路：2500万越南盾（1250美元）

铁路：1600万~1800万越南盾（800~900美元）

沿海河运：600万越南盾（300美元）

铁路运输和沿海运输都包括前程运输和转运。为了扩大沿海运输的职能，内陆多式仓库应选在战略要地，这样仓库就可以成为货物收发中心了。可以预见的是，内陆水运可以发挥重要的作用，尤其是在南部地区。因为受旱季的吃水深度限制，越南国家航运公司在北部地区往往不能发挥较大的作用。但是，这种观点仅考虑到出海船舶。北方内陆水运公司正计划在河内附近的富东沿着平阳河建一座新的内陆集装箱码头，新码头的运载量为75000个标准集装箱，来承载24~36标准集装箱的内陆水运船队。这也说明关于沿海航运在北部地区的作用意见不一致，需要对北部地区的基础设施制约情况进行更好的分析。

七、越南的供应链和物流成本

供应链可理解为用来满足终端客户需求的资源和数据流，从最初的原材料采购到增值、加工、储存和运输几个阶段。在供应链管理中，物流是在链条的各个阶段对货物进行的运输、存储和加工。海港和内地港口在通过高效物流推动供应链流中发挥重要作用。它们对制造工厂的选址是个吸引因子，也可刺激当地就业。海港和内地港口有三个作用：

（1）港口是运输链枢纽（货物中转站）；

（2）港口是工业和服务业的落脚点，也是产业集群的重要组成部分；

（3）是国内和国际制造网的节点，在供应链或制造网中，码头组成了节点，但不总能发生运输中转站或产业集群的作用。以海防市港口为例，通过公路、铁路和内地河道可从该港口直通内地，港口成了货物运输中转站，这也鼓励产业群沿着主要的运输走廊选址。

海港和内地港口是供应链上的关键节点，但是不应该将它们分开管理。为了加强越南海港的地位，应该提高海港和内地的连接，因为大部分的增值活动，比如组装和制造业等，通过多种运输方式和装卸货方式，如内陆水运、铁路、公路、近海和支河连接，以及多承租仓储设施，包括诸如冷链在内的特殊装卸设施，都位于内地。

越南的物流成本

越南快速增长的国际集装箱货物贸易对运输行业提出了新的要求，尤其是外国客户对高价值货物的运输速度和时效性提出了更高的要求。在越南目前还没有使用内陆水运运输高价值货物的货主。内陆水运主要用于运输低价值的大宗货物，比如水泥、煤炭和建材。内陆水运要吸引高价值货物，就需要解决可靠性和可见性问题，火车也有此问题（一般不要求内陆水运进行快速运输，补充材料 2. 3 探讨欧洲内陆水运的速度和可靠性问题）。

补充材料 2. 3

速度和可靠性是欧洲内陆水运的两大障碍

一份由德国环境部委托进行的 2010 年调查表明：大多数货主更倾向于使用公路运输，因为公路运输更快捷、便宜，比其他运输方式更可靠。只有 14% 的受访货主对铁路运输或内陆水运有正面评价。这是由多特蒙德理工大学对 123 名货主进行的一份调查得出的结论。大部分的公司对合并货流、降低空运率以及改进公路运营感兴趣，但一般不对除了公路运输以外的其他运输方式感兴趣。但是西欧的内地河道船舶运输从鹿特丹和安特卫普到德国内地以及到国内的集装箱货物。通常这些集装箱装运的是高价值和对时间要求严格的货物。选择内陆水运而不是公路运输的主要原因不是因为内陆水运好追踪或者可靠性强，而是由于以下的地理因素：

（1）鹿特丹和安特卫普的海港位于主要的通往内地的河道边（通过莱茵河到达德国，以及通过主要的运河到达荷兰和比利时）；

（2）这些国家的港口网可以直通附近的工业用户；

（3）海港和主要的高速公路连接到港口腹地。

西欧的内陆水运继续面临可靠性和可追踪性的挑战。虽然开发了如河流信息服务之类的通信系统来减少这些问题，但是到目前为止还没有从整体上解决这些问题。

资料来源：此部分也包含纽斯巴德运输 2010 年的信息。

日本国际协力机构（2009）给出了对越南物流现状的评估：

目前越南还没有多式运输通道。改进货物中转变得越来越重要，比如公路网和码头或机场，公路网和铁路装卸，或驳船卸货区和卡车之间的中转。

这主要是制度性原因。运输系统是按运输方式组织的，单一的运输方式不能实现多式运输链和节点的无缝中转，而这些都能降低运输成本。基础设施不健全常被认为是越南物流成本高的原因，估计占到 GDP 的 25%，这比中国、泰国和日本都要高。因此，越南采取了大规模地改进码头、公路、铁路、河道和机场的基础设施项目。除此之外，现代物流业还要求有与之对应的信息和通信高速公路，这可能会让人想到电子文档和门户网站来分享出行信息。但是，物流不能等到所有这些要素具备齐全时才能具备全球竞争力。

多式联运框架对解决供应链的瓶颈和薄弱环节非常有价值。有针对性的干预措施是改进越南物流现状的关键。根据世界银行 2008 年对物流的调查，国内运输成本不是主要问题，不尽如人意的运输时间性才是问题，这会反过来增加不必要的仓储和库存成本。创建电子信息门户将物流多方连接起来是重要的解决方案，物流多方包括货运代理、海关、卡车司机、货主、铁路货运公司和制造商等。简化跨境贸易是另一回事，因为在东南亚国家联盟中，越南排名靠后。发展第三方物流对于提升越南的贸易竞争力势在必行。这些做法顺应了全球贸易即时库存的做法。为了避开国内障碍，跨国公司往往有自己的第三方物流，以此来确保它们的产品能即时到达市场，原材料能即时送达。哪种政策会支持越南的第三方物流？这包括放宽对国外物流公司的准入要求，以及修改妨碍多重物流服务的许可制度。

越南的第三方物流业大约有 1200 家企业，包括一些世界级的物流跨国公司。虽然越南对 WTO 物流公路图的承诺要到 2014 年才兑现，但外国公司已开始通过各种形式进行运作，尤其是使用和发达国家市场连接的现代技术和标准程序来引进第三方物流业。

越南的物流服务开始时基础小，但发展迅猛，每年以 20% 的速度发展。越南的进口、出口和零售业均高速增长，很多物流服务商都想从中受益。

虽然物流服务业对外资还有限制，但是国家法律会逐步取消现存限制。第 140/2007/CP－ND 法令（2007 年 9 月）对外国第三方物流提供商的市场准入做了规定，规定 100% 外商独资企业 2014 年前不能进入物流市场，2012 年前不能进入海运市场。

外包物流的进一步发展还取决于物流行业提供更好、更一致的物流服务。物流的垂直整合以及外包向第三方物流的发展一直是全球工业、制造业、零售业和服务业的战略举措。第三方物流在越南的渗透力有限，服务质量相对来说不高，所有货主一般采取旨在能控制供应链的内向型运营战略。比如，荷兰已采取了一些旨在促进使用多式联运外包的激励项目（见补充材料 2.4）。越南不妨参考荷兰的这些激励项目。

补充材料2.4

物流网的联合和西欧的基础设施激励措施

物流网的联合

欧洲领先的驳船集装箱运营商更多地通过将业务范围扩展到包括提供门到门这样的服务，来实现集装箱运输链的垂直功能整合。结果驳船市场现在被大型物流公司控制了，比如Wincanton、Rhenus Logistics和Imperial Logistics Group（Zurbach 2005）。在物流公司高度多样化的局面中，一些大型驳船运营公司的整合进一步增强了物流链的功能整合。物流公司也充分利用驳船运输和铁路运输、公路运输的互补性，以此为客户提供完整的多式联运产品和可靠、划算的服务。

欧洲多式联运的发展说明市场各方一直在寻找沿着供应链捆装货物和整合活动的渠道。焦点大都是从供应角度考虑运营，比如从多式联运商角度看网络优化。多式联运的进一步优化和扩大会在更大程度上依赖市场需求方也就是货主的协调合作。因此，多式联运要求在多式联运运营商和货主之间形成创新性的关系和网络。Van Der Horst和De Langen（2008）研究过内地供应链的协调问题，他们重点关注组织制度化的问题，指出改进协调的四类做法：

- 引进激励（比如奖励或惩罚）；
- 公司之间的联盟（比如通过引进质量和服务标准）；
- 改变公司组织构成（比如通过垂直整合或者引进供应链经理）；
- 联合行动（通过船务局的管理或分支机构的联合行动，见De Langen和Chouly 2004）。

在荷兰，政府运用第一个（激励、补贴方案）和最后一个（联合行动，比如建造集装箱转运站）方案来改善海港、内河港口和内地的连接网。

开发、改进转运设施的激励措施

荷兰政府积极实施了用铁路和内陆水运的多式联运代替公路的政策。运输方式的转变需要高效的多式联运体系，转运设施是这个体系的重要组成部分。从1996年起，荷兰政府共设计了三个方案来开发和改进供个体货主使用的转运设施，以刺激对码头的使用。两个方案是针对私人使用的码头（比如，不是所有运输用户都能无差别使用的设施），一个方案是针对公共使用的码头：

- 1996年对内地河道连接补贴的临时政策调控方案。
- 2000年私人内地河道连接补贴方案。
- 2000年对公共使用内地码头的补贴方案。

这两个针对私人使用的码头方案，规定补贴领取者应提供五年的运输保证，也就是至少要通过补贴私人使用的码头转运一定量的货物，此外，补贴领取者每年都要报告转运的货物量。根据公用使用码头方案，政府资助50%用于建造新码头和扩建现存码头的建设费和设施费，这些码头用于转运来往于河道的货物。资助接受者要保证资助项目总费用的至少一半，并提供一份市场分析报告，包括码头在投入使用后的前五年中对被转运货物量的估计，货主的发货可对此进行验证。

投资结果见表 B2.4.1。

表 B2.4.1　　1996—2004 年荷兰对运输设施的公共补助项目

项目名称	阶段	资金	批准的项目	运输方式的转变
TBBV	1996—2000 年	2000 万欧元	81/99	每年 200 万吨
SBV	2001—2003 年	100 万欧元	37/50	每年 3600 万吨
SOIT	2000—2004 年	900 万欧元	9 个集装箱码头	每年 40 万标准集装箱

注：TBBV 指内河连接补助项目的临时管理条例；SBV 指私人内河连接补助项目；SOIT 指公用内陆码头补助项目。

资料来源：Ecorys，2009 年。

八、需求总结

在越南，尽管内陆水运和沿海运输面临着来自公路运输的竞争，但市场对内陆水运和沿海运输的需求是巨大的。如将内陆水运和沿海运输分为三个不同的次级市场，可更好理解内陆水运和沿海运输：一个北部市场，一个南部市场，一个将南北方核心经济区连接起来的沿海贸易市场。在北方和南方，内陆水运的货运流高度集中在有限的几条河道。

就算是和公路运输相比，内陆水运和沿海运输的市场份额依然很高。这两个部门预计在未来都有大幅发展，但是其他运输方式，尤其是公路运输的增速会更快。内陆水运目前主要是用于运输大宗货物，很少运输集装箱货物。欧洲的经验则表明，当内陆河道高效地连接到码头和公路时，可以不间断地运输高价值、对时效要求严的货物。内陆水运在 100 ~300 千米的运程内，具有更强的竞争力，在 100 ~200 千米的远程内则具有绝对领先地位。另外，沿海运输主要是连接南北方贸易，在 1400 ~1600 千米的运程内占据领先地位。在其他运程范围内，公路运输是主要的运输方式。

越南的多式联运网就基础设施而言，还处在发展的初期。和周边国家相比，越南的物流成本相对较高。高效的码头装卸货是和其他运输方式相比赢得竞争的先决条件。虽然物流的多方主体已进入市场，第三方物流依然受到限制，但其作用仍在不断扩大。

参考文献

[1] ALMEC Corp. 2006. Northern Region Comprehensive Transport Strategy Study (NRCTSS) Baseline Report. Tokyo: ALMEC Corp.

[2] De Langen, Peter W., and Ariane Chouly. 2004. "Hinterland Access Regimes in Seaports." European Journal of Transport and Infrastructure Research4: 361–80.

[3] Ecorys. 2009. Platina Good Practices Report I: Navigation and Inland Waterway Action and Development in Europe (NAIADES). Brussels: Inland Navigation Europe.

[4] Eurostat. 2013. Freight Transport Statistics. http://epp. eurostat. ec. europa. eu/statistics_explained/index. php/Freight_transport_statistics.

[5] JICA (Japan International Cooperation Agency). 2009. The Comprehensive Study on the Sustainable Development of Transport System inVietnam (VITRANSS–2). Hanoi: JICA.

[6] Louis Berger Group and Royal Haskoning. 2006. Mekong Delta Transport Infrastructure Development Project (MTIDP) Feasibility Study. Washington, DC: World Bank.

[7] Meyrick and Associates, Transport Development and Strategy Institute (TDSI), and Carl Bro. 2006. Vietnam: Multimodal Transport Regulatory Review. Washington, DC: World Bank.

[8] Nieuwsblad Transport. 2010. "Shippers Dissatisfied with Rail and Barge." Nieuwsblad Transport, August 25.

[9] Statistics Netherlands. 2013. Statistical Yearbook 2013. The Hague, Netherlands: Statistics Netherlands.

[10] Van Der Horst, Martijn R., and Peter W. De Langen. 2008. "Coordination in Hinterland Transport Chains: A Major Challenge for the Seaport Community." Maritime Economics & Logistics 10: 108–29.

[11] Zurbach, Vincent. 2005. "Transport de Conteneurs sur le Rhin: Quelles logiques de fonctionnement?" Master's thesis. University of Paris.

第三章　供应方面：河道、港口和船队

一、河道和港口的制度框架

交通运输部（简称 MoT）负责制定和监管所有的运输方式和造船业，[①] 同时也负责全国的运输规划，并确保地方和省级基础设施发展和国家运输规划一致。交通运输部也要和其他诸如计划投资部（简称 MPI）、财政部（简称 MoF）等中央部门相互配合，并向政府办公厅汇报。

规划投资部负责安排项目的优先顺序和拨款，因此交通运输部和规划投资部的协调对于越南的实际项目就至关重要了。预算是由财政部分配。

运输部下属几个特殊管理部门，最重要的有越南内陆水运局（简称 VIWA），越南海事局（简称 Vinamarine），越南航道建筑公司（简称 Vinawaco，专业疏浚河道），以及越南注册局（专管船队注册以及质量保证）。越南国家航运公司（简称 Vinalines）和越南造船工业集团（简称 Vinashin）都是政府办公厅的下属企业。越南大部分的大型河道和河港都归越南内陆水运局管理，越南海洋管理局负责管理沿海河道以及大型海港。[②] 小型的河道和码头则直接归省政府管理。交通运输部还负责管理几所高校，包括越南海洋大学。

（一）河道

越南内河水运局代表政府拥有国家河道（6600 千米的河道网），并且是内陆河道政策的执行机构，负责提供和维护沿着河流、湖泊和河港设立的基础设施，同时负责为河道提供导航。维护疏浚工作一般外包给越南河道建筑公司。在某些情况下，疏浚工作由当地政府机构发起（比如胡志明市的内河管理局），剩下的可通航的河道，包括小型码头都归相关省级和直辖市下的运输部管理。

越南内陆水运局分为四个地方性管理单位。这四个管理单位执行内陆水运部门的管理职能，并且负责各种各样的公共河港：

（1）第一管理单位负责海防、广宁省，以及越南北部和东北海阳省部分的内陆水运；

① 本章主要涉及内陆水运，本章结束时简短探讨了一下沿海航运。

② 越南的一些主要海港位于河流上，由越南海事局管理。

（2）第二管理单位负责北部红河三角洲各省，以及越南中部河流的内陆水运；

（3）第三管理单位负责湄公河三角洲的八个省，以及越南中部南端的内陆水运；

（4）第四管理单位负责湄公河三角洲南部以及泰国湾地区的九个省（芹苴省、安江省、建江省、永隆省、茶荣省、后江省、朔庄省、薄辽省、金瓯省）的内陆水运。

此外，内陆水运有15个工作站来监督地方的河道导航。其中的5个工作站（编号为2、3、5、6和8）组成了股份有限公司（JSC）。这些股份有限公司和内河管理局签订合同承担和河流管理站同样的责任，为部分国有制，要遵守公司法。比如，内地河道管理股份有限第二公司负责维护河道，管控河道交通，清除障碍，拖走船舶维护河道交通，提供引航服务，制造和安装导航助手，疏浚河道，灌溉，土木建筑，货物运输，提供辅助性的修船服务，出售零部件，加油，建材、农产品和房地产交易，以及进出口贸易。内陆水运的项目由内河管理局或运输部下属的项目管理小组（简称PMU）来实施。

北方内地河道运输公司（简称NIWTC）和南方内地河道运输公司，这两个地方性运输和码头运输公司直接向交通运输部汇报（详见第二章）。

河道警察负责交通安全。在河道繁忙段比如Kenh Cho Gao（也叫米市运河）需要交通管理。图3.1说明了连接胡志明市和湄公河三角洲的大动脉Kenh Cho Gao的交通堵塞，目前此航道最能说明全国内河河道网运输承载量的瓶颈问题。

图3.1 米市运河的交通堵塞

资料来源：David A. Biggs，http：//www.facultydirectory.ucr.edu/cgi－bin/pub/public_ individual.pl？faculty＝2317。

（二）河港

越南内陆水运局（简称VIWA）是唯一管理全国河港的机构。有几个码头的具体运营业务由交通运输部下属的国有公司管理。河内码头，以及红河下游离河内 7 千米处的富良港都是这种情况。此外，船运公司也拥有和运营码头，比如交通运输部下属的国有公司——北方内地河道运输公司就拥有府车港，这是沿着平阳河新修建的码头。补充材料 3.1 描述了一个典型的荷兰河港的组织，以此来比较越南的体系。

（三）海港、沿海航运和海上运输

越南海事局和越南国家航运公司是两家主要从事海上运输、沿海航运和码头的机构。越南海事局是交通运输部下的管理机构，负责制定行业战略以及政策规划，提出立法提议，有 23 个地方性分支机构，作为港口管理单位管理港口的交通，执行海洋安全和环境标准，还要负责搜寻救援工作。越南海事局还运营几个小港口，此外还管理越南注册局，在安全方面协助国企，如越南造船工业集团和越南国家航运公司。

补充材料 3.1

一个典型的荷兰河港的组织结构——亨格罗港口

亨格罗港口位于荷兰东部，坐落于特温特运河，可停泊 2000 吨的船舶，年吞吐量为 350 万吨，包括 10 万件 20 英尺的集装箱货物。港口和运河的管理分工如下：

- 亨格罗市政当局负责对码头 15 米内的运河两岸的水域进行维护，市政当局拥有大部分的堤坝外墙和码头（有些部分归私人所有）。亨格罗市政当局有义务使特温特运河（2×15 米宽）保持一定的深度。
- 管理码头和港口费。这些费用也被称为“港口费”，是对使用公共市政水服务所征收的税。
- 产权结构：港池和港口是亨格罗市政当局的资产。河港每年的维护费（清理河道使其保持应有的深度）为 120 万欧元。亨格罗市也对沿着运河的工业区进行投资（比如修建码头），现在已能通过向私人公司征收基础设施使用费收回部分成本。亨格罗市还有 500 米的公共码头，可供位于亨格罗市地区但不在水域附近的公司使用。
- Rijkswaterstaat 地区服务部（交通运输部的执行机构）负责特温特运河以及三个码头的维护和管理（港口码头附近的水域除外，这部分上文提到是由市政当局负责）。加深运河、修建新的水闸需要交通运输部 1.2 亿欧元的投资。
- 港务局：归亨格罗市政当局管理。
- 有 15 家水上公司使用内地河道运输和港口设施运货。

● CTH Property（100%归CTH基金所有）拥有码头的土地和基础设施。CTH Property通过和亨格罗市政当局和阿克苏·诺贝尔公司签署租赁协议成为码头区域的承租人。基金会出资修建码头、起重机道以及地面硬化。CTH Property以固定/变动的价格将码头出租给私人码头运营商Combi Terminal Twente（简称CTT）。

● CTT是码头运营商（集装箱码头于2001年开放），由三家私人投资公司联合经营，投资起重机、办公室、正面吊运机、仓库、信息通信技术以及其他的设施。

● 码头是公共集装箱码头，按照码头、基础设施和陆地区域的产权，以及码头的实际运营来划分，此区域的三十多家企业都使用CTH码头。

● 公共投资近200万欧元，私人投资近300万欧元。集装箱码头由CTH基金资助，这部分资金来自上艾瑟尔省（资金来自欧洲区域发展基金）和交通运输部（公共使用内河码头的资助项目）的公共捐款。

● 2010年对集装箱码头的扩建（码头长度由150米扩大到300米，码头面积由3英亩扩大到5英亩）也由交通运输部和基金会联合进行资助。

资料来源：Ecorys。

越南国家航运公司是一家国有企业，提供远洋船运和沿海航运服务（公司有14艘船），港口和码头运营服务（18个码头和码头装卸公司），船舶服务（43家公司）。1995年之前，越南国家航运公司是越南航海局的一部分。1995年，两家公司分开，越南航海局负责制定政策和战略，越南国家航运公司负责具体的运营。但是越南国家航运公司仍然由政府管理和资助。按照越南对海洋运输制定的战略规划，越南国家航运公司应成为海运、物流、辅助服务和海港的核心。作为一家国有企业，越南国家航运公司或明或暗地得到政府担保，可以拿到贷款；但是和政府关系密切同样也承担金融风险，比如，在全球经济危机来临时，一些外国客户取消了对越南造船工业集团的订单，越南国家航运公司就受到“鼓励”购买这些船舶，这会为公司带来沉重的财务负担。

（四）船队

越南注册局是交通运输部下的机构，负责对船舶和其他车辆（比如卡车和机动轨道车）的技术检测，审批船舶设计，为新造的船舶分类，进行船舶调查以及登记注册远洋和内河船舶。对远洋船舶的注册包括悬挂越南国旗和越南所有的船舶，以及受越南注册局调查和检查的全部船舶。对比注册局的数据和对行业专家以及运营商的调查数据可以看出，注册局并没有涵盖所有在使用的内河船舶。

越南造船工业集团是越南最大的造船商，拥有和运营所有越南海岸线上的众多造船厂，代表了越南几乎80%的造船量，而整个造船业都受交通运输部的监管，越南造船工业集团直接向政府办公厅报告。在造船业和设备制造业，越南造船工业集团是几个合资企业的签字方（有几个是外资企业，比如韩国现代）。此外，越南造船工业集团也活跃于其他领域，包括船运服务和非运输行业，比如房地产和建筑行业。在2008—2009年的全球金融和经济危机中，越南造船工业集团面临巨大的金融困境，导致无法偿还国际财团的联合放款。在写此报告的过程中，越南造船工业集团正经受债务危机和重组。

二、河道基础设施

越南的河流和运河估计共有2360个，全长22万千米（见表3.1）。在所有的水域网中，只有大约19%，也就是41900千米可以通航，只占7%，也就是5436千米的河道接受管理。越南南部和北部主要的河道共4553千米长，只占全部河道网的2%。国家政府管理北部地区的65条河道，全长2727千米；中部地区的21条河道，全长802千米；南部地区的101条河道，全长3083千米。主要河道的具体信息见附录B。

表3.1　　越南内陆河道的数据

<table>
<tr><td colspan="4">越南内陆河道共长22万千米</td></tr>
<tr><td colspan="2">可通航的河道共长41900千米（19%）</td><td colspan="2">不能通航的河道共长178100千米（81%）</td></tr>
<tr><td colspan="2">管理下的河道共长15436千米（37%）</td><td rowspan="5">不在管理之下的河道共长26464千米（63%）</td><td rowspan="5"></td></tr>
<tr><td>中央政府管理的河道长6612千米（43%）</td><td>地方政府管理的河道共长8824千米（57%）</td></tr>
<tr><td colspan="2">主要的北方河道共长1506千米（10%）</td></tr>
<tr><td colspan="2">主要的南方河道共长3047千米（20%）</td></tr>
<tr><td colspan="2">非主要河道共长10883千米（70%）</td></tr>
</table>

资料来源：日本国际协力机构，2009年。

（一）北部河道

北部的河道网主要有四个走廊：宏、太平、罗和阳（见地图3.1）。最低航道宽度为30~36米，最低深度为1.5~3.6米。河流情况受北方的气象水文的影响，五月至十月为雨季，十一月至次年五月为旱季。两季之间的水位差为5~7米。在雨季，水流很快，但是一旦旱季来临，河水变浅，水流就会变慢。河口的沉积很复杂，且不易于管理，因为浅滩每年都在变化。

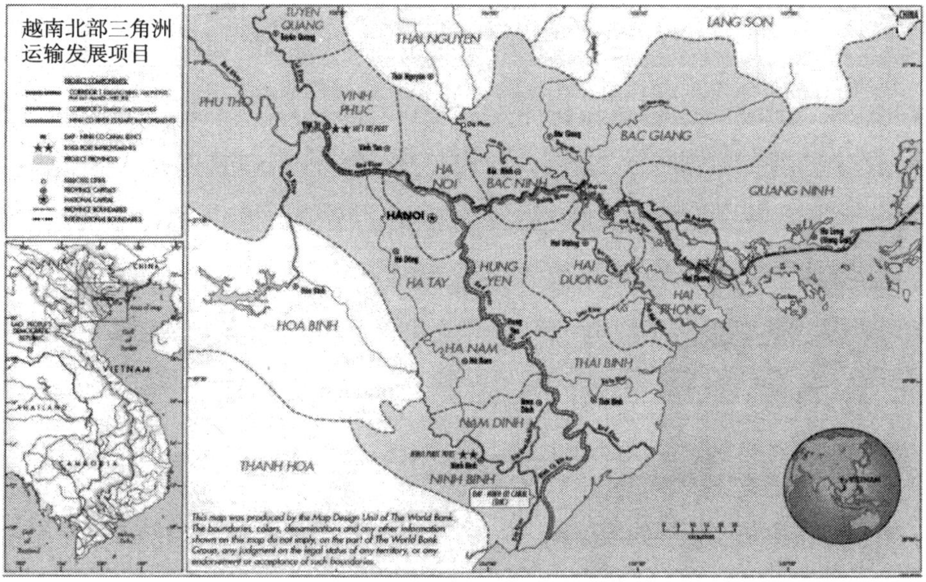

地图 3.1　越南北部的内陆河道

资料来源：世界银行，2008 年。

北方地区有 55 条河道，总长度 2753 千米，其中 12 条是主要河道，总长 1506 千米。因为通航深度有保证，所以大部分的河道都是每天 24 小时运营。但是相连的河道由于等级不同，且有急弯，限制了通航效率。此外，一些河道在桥下或类似桥结构下的纵间距也受到限制。目前对北方河道来说迫在眉睫的挑战是：①类似桥结构下的纵间距限制；②急弯出现率较高；③住宅区对河岸的侵蚀。

（二）南方河道

湄公河三角洲的内陆水运有两大河道——湄公河和同奈河（见地图 3.2），河道情况比北方地区好，最低河道宽度为 30 ~ 100 米，最低深度为 2.5 ~ 4.0 米。[①] 河流情况受潮汐类型的影响，但是浅滩不多，不需要疏浚。另外，桥梁太低和狭窄的桥下净空限制了很多河道。南方地区有 14 条河道，总长度为 3047 千米。

（三）中部地区河道

在中部地区，河流是从西往东流（从山区流向大海），但河流没有交叉，没有形成

① 相同的季节性干、湿类型在南部地区和北部地区都有。在南部地区，两个季节的水位差为 5 ~ 7 米。

河道网。河道长度为 804 千米。在雨季，水流很快；相反，在旱季，水流不足以支撑货运。因为河流深度受限，还有瀑布，除了在入海口附近有 20 千米的通航段，河流一般不通航。

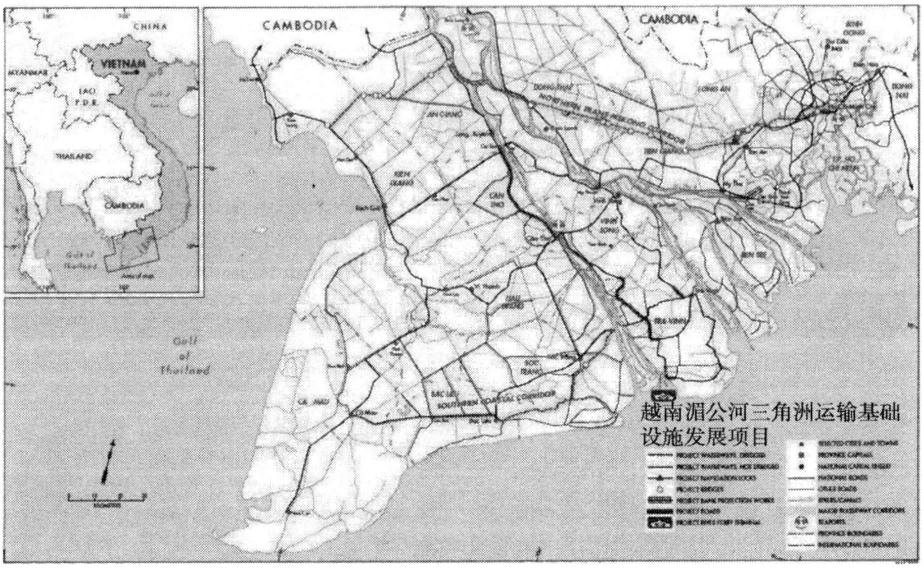

地图 3.2　越南南部的内陆河道

注：此地图由世界银行的地图设计小组制作。地图中的分界线、颜色、图例以及其他信息不代表世界银行对边界划分的法律地位所持的态度。

资料来源：世界银行，2007 年。

（四）河道的技术分类

为了规划、管理和开发内陆河道，政府根据航道情况和相应的船舶类型制定了分类标准。最初，所有的河道分为六类。后来考虑到南北方的技术差异，对分类标准做了修改，所以南北方有了不同的技术分类标准。虽然不同的分类标准会造成一些混乱，但到目前为止还没有出现什么问题，因为内陆河道船舶一般只在南部或北部使用。表 3.2 列出了分类标准草案。应该指出的是，在现实中，河道并不总能符合河道所属类别的设计特征。表 3.3 列出了河船的特征，这些特征符合南方地区 50% 和北方地区 90% 的负荷系数。补充材料 3.2 给出了类似的欧洲分类标准。

表 3.2　越南河道的技术分类

分类	河道特征				干货码头的最小规格				桥梁宽度		净空高度		铺设电缆或管道的深度	
	河流		运河											
	深度（米）	宽度（米）	深度（米）	宽度（米）	弯曲半径（米）	长度（米）	宽度（米）	深度（米）	运河（米）	河流（米）	桥梁（米）	电线（米）	运河（米）	河流（米）
北 1	>3.4	>125	>4.0	>80	>80	145.0	12.5	3.83	>75	>120	11	12+ΔH	2.0	2.0
南 1	>3.4	>125	>4.0	>80	>450	100.0	12.5	3.8	>75	>120	11	12+ΔH	2.0	2.0
北 2	2.5~3.4	40~125	3.1~3.9	70~80	500~600	145.0	12.5	3.4	>75	>120	9.5	12+ΔH	2.0	2.0
南 2	3.0~3.4	50~125	3.7~3.9	35~80	400~450	100.0	12.5	3.5	>75	>120	9.5	12+ΔH	2.0	2.0
北 3	2.0~2.4	35~40	2.5~3.0	30~40	350~500	120.0	10.5	3.3	>28	>38	7	12+ΔH	1.5	1.5
南 3	2.8~3.0	35~40	3.3~3.6	25~35	300~400	95.0	10.5	3.4	>33	>48	7（6）	12+ΔH	1.5	1.5
北 4	1.6~1.9	25~35	2.0~2.4	20~30	100~350	85.0	10.5	2.2	>24	>33	6（5）	7+ΔH	1.5	1.5
南 4	2.2~2.8	20~35	2.6~3.2	15~25	70~300	75.0	9.5	2.7	>24	>33	6（5）	7+ΔH	1.5	1.5
北 5	1.4~1.5	12~25	1.8~1.9	10~25	60~100	26.0	6.0	1.8	>15	>24	4（3.5）	7+ΔH	1.5	1.5
南 5	1.3~2.2	14~20	1.6~2.5	10~15	60~70	18.0	5.5	1.9	>15	>19	4（3.5）	7+ΔH	1.5	1.5
北 6	0.9~1.3	<12	0.9~1.7	10	<60	13.0	4.0	1.3	>10	>11	3（2.5）	7+ΔH	1.5	1.5
南 6	0.9~1.2	<14	1.0~1.5	<10	<60	12.0	4.0	1.3	>10	>13	3（2.5）	7+ΔH	1.5	1.5

注：北 X 指北部地区的内河分为 X 类；南 X 指南部地区的内河分为 X 类；ΔH 是根据首相 1999 年 7 月 8 日颁布的第 54/1999/ND－CP 条例制定的。埋电缆或管道的深度为规定船只通道的设计深度。

资料来源：越南内地水路局，2007 年。

表 3.3 **按装载量 50%和 90%计算的分类河道中的船只尺寸**

分类	自推船				驳船			
	重量（吨）	长度（米）50%/90%	宽度（米）50%/90%	吃水深度（米）50%/90%	重量（吨）	长度（米）50%/90%	宽度（米）50%/90%	吃水深度（米）50%/90%
北 1	601～1050	49/52	8.8/9.5	2.5/3.1	4×400/600	121/132	20.0/22.0	1.85/2.70
南 1		44/50	9.0/10.0	2.85/3.1		87/92	20.6/22.0	2.55/2.80
北 2	301～600	44/47	7.50/8.50	2.10/2.60	4×400/600	121/132	20.6/22.0	1.85/2.70
南 2		39/42	7.70/8.80	2.50/2.75		87/92	20.0/22.0	2.55/2.80
北 3	101～300	34/40	6.00/7.30	1.70/2.00	2×200/250/400	104/108	7.0/8.5	1.50/2.70
南 3		25/36	6.50/7.50	2.15/2.55		84/87	8.5/9.4	2.30/2.80
北 4	51～100	27/30	4.80/6.00	1.35/1.60	2×200	71/79	6.0/9.0	1.10/1.20
南 4		18/22	5.10/5.80	1.80/2.10		54/68	6.10/8.00	1.20/1.60
北 5	10～50	19/24	4.00/5.20	1.20/1.40	n. a.	n. a.	n. a.	n. a.
南 5		14/16	3.40/4.40	1.05/1.50			n. a.	n. a.
北 6	<10	12/18	1.90/3.00	0.55/0.85	n. a.	n. a.	n. a.	n. a.
南 6		11/13	2.30/2.70	0.65/0.85			n. a.	n. a.

注：n. a. 指不适用。

资料来源：越南内地水路局，2007 年。

补充材料 3.2

欧洲河道分类

在欧洲，使用所谓的由欧洲部长会议制定的 ECEMT 标准对内陆河道进行分类，主要的特点是分类标准为船舶的最大尺寸。表 B 3.2.1 列出了分类标准。

表 B3.2.1　　欧洲内陆河道的分类

<table>
<tr><th colspan="7">各类船舶的标准</th></tr>
<tr><th>分类</th><th>类型</th><th>长度（米）</th><th>宽度（米）</th><th>吃水深度（米）</th><th>吨位</th><th>高度（米）</th></tr>
<tr><td>0</td><td>小型，娱乐型</td><td>不确定</td><td>不确定</td><td>不确定</td><td><250</td><td>不确定</td></tr>
<tr><td>Ⅰ</td><td>Spits</td><td>38.5</td><td>5.05</td><td>1.8～2.2</td><td>250～400</td><td>4.0</td></tr>
<tr><td>Ⅱ</td><td>Kempenaar</td><td>50～55</td><td>6.6</td><td>2.5</td><td>400～650</td><td rowspan="2">4.0～5.0</td></tr>
<tr><td>Ⅲ</td><td>Dormmun－Ems运河船</td><td>67～80</td><td>8.2</td><td>2.5</td><td>650～1000</td></tr>
<tr><td rowspan="2">Ⅳ</td><td>莱茵河—赫恩河船</td><td>80～85</td><td>9.5</td><td>2.5</td><td>1000～1500</td><td rowspan="2">5.25 或 7.0</td></tr>
<tr><td>推进式 1 驳船</td><td>85</td><td>9.5</td><td>2.5～2.8</td><td>1250～1450</td></tr>
<tr><td rowspan="2">Ⅴa</td><td>大型莱茵河船</td><td>95～110</td><td>11.4</td><td>2.5～2.8</td><td>1500～3000</td><td rowspan="3">5.25/7.0/9.1</td></tr>
<tr><td>推进式 1 驳船</td><td>95～110</td><td>11.4</td><td>2.5～4.5</td><td>1600～3000</td></tr>
<tr><td>Ⅴb</td><td>推进式 2 驳船</td><td>172～185</td><td>11.4</td><td>2.5～4.5</td><td>3200～6000</td></tr>
<tr><td>Ⅵa</td><td>推进式 2 驳船</td><td>95～110</td><td>22.8</td><td>2.5～4.5</td><td>3200～6000</td><td rowspan="3">7.0 或 9.1</td></tr>
<tr><td>Ⅵb</td><td>JOWI 类型船</td><td>140</td><td>15.0</td><td>3.9</td><td>未说明</td></tr>
<tr><td></td><td>推进式 4 驳船</td><td>185～195</td><td>22.8</td><td>2.5～4.5</td><td>6400～12000</td></tr>
<tr><td rowspan="2">Ⅵc</td><td rowspan="2">推进式 6 驳船</td><td>270～260</td><td>22.8</td><td>2.5～4.5</td><td>9600～18000</td><td rowspan="3">9.1</td></tr>
<tr><td>193～200</td><td>30.0～34.2</td><td>2.5～4.5</td><td>9600～18000</td></tr>
<tr><td>Ⅶ</td><td>推进式 9 驳船</td><td>285～295</td><td>30.0～34.2</td><td>2.5～4.5</td><td>14500～27000</td></tr>
</table>

资料来源：欧洲运输部长会议，1992 年。

（五）对河道的计划投资

从 1999 年至 2007 年，越南对公共运输基础设施的拨款为 1130000 亿越南盾（56 亿美元）（见表 3.4）。但是，只有 45% 的计划投资最终得到执行，落实了相关拨款。越南在 1999—2007 年平均每年对交通运输的投资拨款为 142000 亿越南盾（7 亿美元），占 GDP 的 2.2%[①]。较低的投资实现率也凸显了运输行业获取并分配资金的挑战。

目前，对运输行业投资的拨款是根据过去的趋势制定的。公路行业得到大多数的拨款（1999—2007 年占到了运输行业总拨款的 80%）。相比较而言，对内陆河道和铁路行业的拨款最少：八年期间只有 2%。这些拨款比例代表了平衡的交通运输策略，因为拨款取决于投资价值。

表 3.4　　1997—2007 年按运输方式划分的公共拨款　　单位：百万美元

运输方式	全部金额	比例（%）
公路	4500	80
铁路	115	2
河道	110	2
海洋	510	9
空运	415	7
全部	5650	100

资料来源：日本国际协力机构，2009 年。

（六）内陆河道 2020 年总规划

内陆河道的发展指南是根据越南内河 2020 年总规划制定的（Decision No. 16/2000/QD – TTg，2000 年 2 月 2 日）。此规划几经修改和调整，得到交通运输部的批准（Decision No. 13/2008/QD – BGTVT，2008 年 8 月 6 日）。此规则涵盖内陆水运在基础设施、运输服务、船队发展和造船方面的项目。总规划的基本方向为：

（1）利用河道在运输大宗货物方面成本低、对环境影响小的天然优势。

（2）通过同步发展道路、码头、装卸设备、船舶和管理能力，实现内陆河道的纵向整合，以更好的质量和安全要求来满足货运和客运需求。

（3）发展内陆河道基础设施和其他运输方式形成无缝衔接系统，并协调灌溉和水利发电。

（4）用更有效安全的配置升级船队，以便更好地适应河流的现状。

（5）扩大内陆河道的资金来源，公共部门重点关注河道，同时和私营部门联合开发码头。

总规划除了要扩大内陆河道网的路线和服务，还要为船队、航道和码头制定目标：

① 日本国际协力机构，2009 年。从 1994 年到 2002 年，这个数字大约为 GDP 的 3.2%（世界银行，2006 年）。

（1）船队。装载量为1200万吨，将船舶年限从平均12年降到5～7年；将船舶比例调整到30%～35%的推船和65%～70%的机动船舶。

（2）航道。增加河流和航道的长度，确保主航道采用相同的标准，使标示浮标现代化，确保航道在大城市的通航权。

（3）码头和栈桥。使枢纽港现代化；主要的码头和特殊码头是关键区域；通过机械化增加装货和卸货的效率；修建新的客运港和栈桥。

（4）资本投资项目。此计划预计至2020年将获取73万亿越南盾（37亿美元）。建议将这37亿美元的投资按部门划分为：3万亿越南盾用于航道（15亿美元），2.4万亿越南盾（12亿美元）用来升级设施，0.6万亿越南盾（3亿美元）用来维护，0.7万亿越南盾（3.5亿美元）用于码头，3.6万亿越南盾（18亿美元）用于船舶，0.27万亿越南盾（0.15亿美元）用于支柱产业。

（七）主要的运河项目

有十个正在进行的大项目用来疏浚、拓宽河道以及扩大航程（见表3.5）。这些项目有助于缓和急弯、加固河道两岸、提高桥梁的纵间距等。预计10个项目的总成本为3.3亿美元，部分由官方开发援助（简称ODA，比如世界银行）资助。

表3.5　　截至2010年的主要运河航道开发项目

	河段	描述	估计费用（百万美元）
1[a]	广宁—河内—越池	扩大辐射范围，减少急流，增加桥梁的空隙	60
2	广宁—宁平	扩大辐射范围，减少急流，增加桥梁的空隙	25
3[a]	沥河—河内	治理河口，疏浚河道	75
4	河内—越池	扩大辐射范围，治理沙洲	20
5	越池—安沛—老街	疏浚，建设	50
6	越池—宣光	扩大辐射范围，治理沙洲	20
7[a]	西贡—河仙	升级，拓宽，增加桥梁的空隙	40
8[a]	西贡—金瓯	拓宽，增加桥梁的空隙	40
9	前河	n. a.	5
10	Phuoc Xuyen 运河－4Bis－28 运河	升级桥梁的空隙	5
全部费用			330

注：n. a. 指不适用；在表的底部。

a 项目1、3和4已正在北方三角洲运输发展项目下实施，项目7和8已正在湄公河三角洲运输基础设施发展项目下实施。

资料来源：越南内地水路局，2009年；世界银行，2007年和2008年。

三、港口

（一）河港

越南的内陆河道网涵盖7000多个港口以及各种类型的栈桥。根据日本国际协力机构（2009）的研究结果，共有126个通用的河港，其中122个在使用；4809个装卸货的港口，其中3484个港口有许可证；52348个跨河码头，其中1005个有许可证。[①] 随着更多的行业落户沿河两岸，设计简单、低成本的临时泊位也迅速激增。虽然使用起来很方便，但是这种临时搭建的码头会妨碍通航和安全。除了少数的港口外，很多港口的吞吐量都低于实际的接纳量。

在很多农村地区都能看到由当地公司运营的小型泊位，不是所有的这些泊位都注册了，或者受到当地部门的有效监管。因为当地部门资源有限，使用免费资源是种自然激励，所以监管这些码头很困难。栈桥可以很简单，在很多情况下都只有一段坡道和一个小型的移动吊车，很多栈桥甚至没有基本的吊车，只能人工卸货，或由货主租用的设备和员工卸货。

河港和栈桥由不同的主体管理，比如由越南内地水路局、省和小型私营企业管理。不论是中央或地方管理的公共码头一般规模都较小，装卸设备陈旧，机械化程度低，维护得也不好，并且不好进入内地。工业码头一般设备较好，并且会定期维护。虽然越南内地水路局制定了指南，但是栈桥和码头都是为特殊要求修建的，没有统一的类型和规格。

北部地区有11个主要的码头，南部地区有18个主要的货运港。越南内地水路局起草了在设计货物码头、客运码头、货物栈桥以及客运栈桥时应遵循的技术参数。根据以下指标将货运河港分为八类（见表3.6）：

（1）基础设施规模（码头大小、仓库大小、货场和辅助设施）；

（2）港口可容纳的船舶大小和类型（按载重量计算）；

（3）港口通航量（每年的货运吨数）。

国营码头一般要支付运营费用，但是多出的部分要上交政府，因为它们没有财政自主权。投资和维护费用单独核算，并取决于国家财政预算。

① 河港一般为通用港口，处理多种类型的商品（比如大宗货物、一般性货物和集装箱，码头设施也服务客运航线）。货物装卸港口和客运港口不同。河流交叉口的码头严格来说不是码头，只是过河渡轮的着陆点。栈桥和临时停泊处由于规模小，用途单一，可能不算港口，但是它们总能发挥某些码头的功能。

表 3.6　　货运河港的技术分类

分类	范围	相应船只的尺寸	吞吐量（吨）
Ⅰ－A	钢筋混凝土桥梁或加固桥梁仓库、货场和配套设施	≥1500 载重吨或吃水深度＞3.5 米的船只	＞150 万
Ⅰ－B	钢筋混凝土桥梁或加固桥梁仓库、货场和配套设施	≥1000 载重吨或吃水深度＞3.0 米的船只	100 万～150 万
Ⅱ－A	钢筋混凝土桥梁或加固桥梁仓库、货场和配套设施	≥600 载重吨或吃水深度＞2.5 米的船只	＞100 万
Ⅱ－B	钢筋混凝土桥梁或加固桥梁仓库、货场和配套设施	≥400 载重吨或吃水深度＞2.0 米的船只	100 万～500 万
Ⅲ－A	钢筋混凝土桥梁或加固桥梁仓库、货场和配套设施	≥300 载重吨或吃水深度＞1.5 米的船只	＞50 万
Ⅲ－B	钢筋混凝土桥梁或永久支架仓库或货场	＜300 载重吨或吃水深度＜1.5 米的船只	20 万～50 万
Ⅳ－A	钢筋混凝土桥梁或永久支架仓库或货场	≥200 载重吨或吃水深度＞1.0 米的船只	＞20 万
Ⅳ－B	钢筋混凝土桥梁或永久支架仓库或货场	＜200 载重吨或吃水深度＜1.0 米的船只	＜20 万

资料来源：越南内地水路局，2007 年。

（二）河港的有计划投资

表 3.7 列出了对 9 个南部地区港口、9 个北部地区港口和 1 个中部地区港口的投资计划，总费用为 3660 亿越南盾（合 1900 万美元）由当地或外部资助（比如政府开发援助）。第五章将列出主要的河道路线以及优先发展的港口。

表 3.7　　主要港口的开发计划

	港口名称	描述	成本（百万美元）
北部			12.6
1	河内—Khuyen Luong 港口	升级、扩大	2
2	Phu Dong 集装箱港口	新建	4
3	宁平—宁富港口	升级、扩大	1
4	Hoa Binh 港口	升级、扩大	0.3
5	越池港口	升级、扩大	1
6	Da Phuc 港口	新建	1
7	河内客运港口	一期建设阶段	0.5
8	Ben Binh 客运港口	升级、扩大	1.5

续 表

	港口名称	描述	成本（百万美元）
9	Ha Long 客运港口	升级、扩大	1.3
南部			5.2
1	Phu Dinh 港口	建设	0.8
2	Tan Chau 港口	一期建设阶段	1
3	Ho Phong 港口	二期建设阶段	0.8
4	Giao Long 港口	三期建设阶段	0.3
5	An Phuoc 港口	升级、扩大	0.3
6	Binh Long 港口	升级、扩大	0.5
7	Long Duc 港口	一期建设阶段	0.5
8	胡志明客运港口	升级、扩大	0.5
9	芹苴客运港口	升级、扩大	0.5
中部			0.6
	Ho Do 港口	建设	0.6
	全部		18.4

注：宁富和越池港口在世界银行资助的北方三角洲运输发展项目（NDTDP）下正在升级。
资料来源：越南内地水路局，2007 年。

（三）海港

根据越南总理颁布的 No. 16/2008/QD – TTg 决议（2008 年 1 月 28 日），海港被分为以下三类。

（1）第一类港口为主要的港口，服务于国外和国内地区间长距离航线上的大型船舶，运输量大。

（2）第二类港口是二级集散港，服务于内地，运输量中等。

（3）第三类港口是原油港口，服务于离海上钻油塔很近的油罐。

表 3.8 列出了越南的第一类海港。需要指出的是，Cai Mep – Thi Vai 是目前唯一能承载载重量超过 5 万吨位船舶的港口。

表 3.8　部分运营中的 1 类海港的主要码头情况简介

海港名称	码头名称	泊位			可通航运河	
		长度（米）	宽度（米）	最大船只尺寸（载重吨）	长度（千米）	最低深度（米）
Cam Pha		500	9.5 ~ 10.5	50000	40	7.4
Hon Gai	Cai Lan	926	5.0 ~ 12.0	45000	31	7.3
	B12	506	1.6 ~ 13.0	40000	15	8.1

续 表

海港名称	码头名称	泊位			可通航运河	
		长度（米）	宽度（米）	最大船只尺寸（载重吨）	长度（千米）	最低深度（米）
	Vat Cach	484	4. 0 ~ 4. 5	3000	20	3. 7
	Hoan Dieu（主要港口）	1717	8. 4	10000	37	4. 1
	Chua Ve	848	8. 5	10000	37	4. 1
	Dinh Vu	238	8. 7	20000	26	5. 3
	Doan Xa	210	8. 4	10000	30	4. 5
	Transvina	182	8. 5	10000	30	4. 5
	Cua Cam	320	—	10000	30	4. 5
	Nghi Son General	348	2. 5 ~ 7. 0	7000	20	4. 5
Nghi Son		390	7. 5 ~ 11. 0	10000	2	7. 5
Cua Lo		650	7. 5	10000	4	5. 5
Vung Ang		185	10. 8	45000	2	9. 2
Chan May		420	8. 0 ~ 12. 5	30000	3	12. 0
Da Nang	Tien Sa	595	11. 0 ~ 12. 0	30000	8	12. 7
	Han River	528	7. 0	5000	8	12. 7
Dung Quat		110	8. 7	20000	近海	8. 7
Quy Nhon		830	8. 5 ~ 11. 8	30000	7	10. 5
Nha Trang		552	8. 5 ~ 11. 8	20000	5	11. 5
Vun Tau	Phu My（Ba Ria – Serece）	614	3. 0 ~ 12. 0	60000	31	12. 0
Dong Nai	Dong Nai（Long Binh Tan）	172	3. 0 ~ 8. 3	5000	100	4. 0
Ho Chi Ming City	Sai Gon	2669	8. 5 ~ 11. 0	36000	85	8. 5
	Ben Nghe	816	9. 5 ~ 13. 0	36000	84	8. 5
	Cat Lai	973	10. 5 ~ 12. 0	15000	85	8. 5
	Tan Cang	706	9. 5	36000	90	8. 5
	VICT	486	10. 0	20000	85	8. 5
	Nha Be Oil	545	6. 8 ~ 11. 8	32000	70	8. 5
Cai Mep – Thi Vai	TCCT	300	12. 0	120000	—	12. 0
	TCIT	590	14. 0	120000	33	14. 0
	CMIT	600	16. 5	160000	28	14. 0
	SITV	730	14. 0	120000	—	12. 0

续 表

海港名称	码头名称	泊位			可通航运河	
		长度（米）	宽度（米）	最大船只尺寸（载重吨）	长度（千米）	最低深度（米）
	SP－PSA	600	14.5	120000	—	12.0
Can Tho	Can Tho	302	11.0	10000	120	3.0

注："—"指不可得。

资料来源：日本国际协力机构 2009 年和 Ecorys/世界银行的分析。

四、船队

（一）远洋船队

越南注册局按照船舶长度将内河船舶分为两类：长度在 20 米之内的船舶（76925 艘）和超过 20 米长的船舶（130970 艘）。① 船舶在地方和国家两个层面都要注册。表 3.9 提供了超过 20 米长船舶的关键信息。

表 3.9 越南长度超过 20 米的内陆水运船只统计

船只类型	船只容量	发动机功率（马力）	平均功率（马力）	装载量（吨）	平均装载量（吨）
干货船只	97439	5336761	55	9934020	102
集装箱船只	440	170335	387	383262	871
油轮	2383	294378	124	451162	189
拖船	5035	1107652	220	n. a.	n. a.
其他	25673	n. a.	n. a.	n. a.	n. a.
全部	130970	n. a.	n. a.	10768444	n. a.

注：n. a. 指不适用。

资料来源：截至 2010 年 4 月底越南注册局的数据。

船队包括众多的小型船舶。运输集装箱船舶的载货量最大，船舱也比干货船舶大很多。为准备世界银行资助的 MDTIDP 而进行的一份对船队的分析表明，截至 2004 年 11 月，湄公河三角洲 24% 的干货船的载货量低于 25 吨，23% 的载货量为 25～100 吨，37% 的载货量为 100～500 吨，16% 的载货量为 500 吨。

① 数据截至 2010 年 4 月底。

表 3. 10 和图 3. 2 列出了 2000 年、2005 年和 2010 年干货船的载重吨和马力的变化情况。表 3. 10 显示，2010 年的河运船为 95126 艘，是 2000 年的 2. 8 倍。十年间船舶数量增长了近三倍，主要原因是越南的内陆水运市场自 2000 年向私营运营商的开放。2008—2009 年的经济危机导致贸易大幅下滑，很多的私营船运商（尤其是小型服务商）蒙受持续的损失，或者被大公司或运营商收购。

表 3. 10　　　　2000—2010 年越南的内河货运船只的载重吨

内河船只的载重吨分类	2000 年的船只数量	2005 年的船只数量	2010 年的船只数量
5 ~ 15 吨以及 5 ~ 15 马力	22531	27351	53239
15 ~ 50 吨以及 15 ~ 50 马力	7875	13559	23902
50 ~ 200 吨以及 50 ~ 135 马力	2749	5683	9266
200 ~ 300 吨以及 > 135 马力	340	802	1248
300 ~ 500 吨以及 > 135 马力	239	1059	2989
500 ~ 700 吨以及 > 135 马力	88	578	1613
700 ~ 1000 吨以及 > 135 马力	33	299	1641
> 1000 吨以及 > 135 马力	4	60	1228
全部的货运船队	33859	49391	95126

资料来源：越南注册局的数据，主要是长度超过 20 米的干货船只数据。

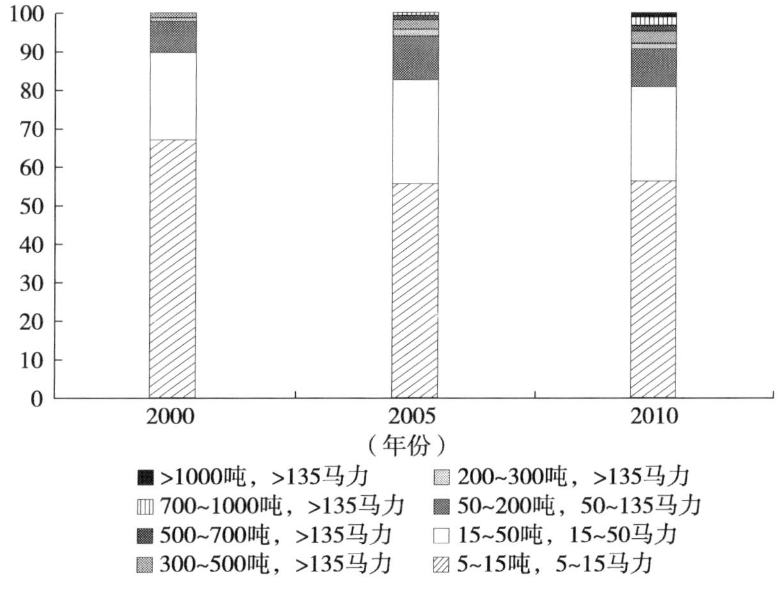

图 3. 2　越南 2000—2010 年按载重吨分类的船只数量

资料来源：越南注册局的数据。

2000—2010 年，小型船舶（运载量为 50 载重吨以下）的年增长量为 9.8%，同时期，装载量超过 50 载重吨的船舶年均增长量为 18%，并且大型船舶在全国船舶市场的份额从 2000 年的 10% 增长到 2010 年的 19%。这种增长主要是受到最大型船舶（500 载重吨及以上）迅猛增长的驱动，2000—2010 年的增长率为 43%。尽管在 2010 年，50 载重吨以上的船舶仅占干货船总量的 10%，但是它们却占到了河道运输船舶装载量的 60%（见表 3.11 和图 3.3）。到 2010 年，50 载重吨以上的船舶已占到总装载量的 85%。同样，在 2010 年，超过 1000 载重吨的船舶仅占全部船舶总量的 1.3%，但是装载量却从 2000 年的占全部河运装载量的不到 1% 增长到 2010 年的 20%。

表 3.11　2000—2010 年越南按大小分类的内陆河道货运船只的载重吨装载量

内河船只的载重吨分类	单个船只的载重吨装载量	2000 年船只载重吨装载量	2005 年船只载重吨装载量	2010 年船只载重吨装载量
5 ~ 15 吨以及 5 ~ 15 马力	7.5	168983	205133	399293
15 ~ 50 吨以及 15 ~ 50 马力	32.5	255938	440668	776815
50 ~ 200 吨以及 50 ~ 135 马力	125	343625	710375	1158250
200 ~ 300 吨以及 >135 马力	250	85000	200500	312000
300 ~ 500 吨以及 >135 马力	400	95600	423600	1195600
500 ~ 700 吨以及 >135 马力	600	528000	346800	967800
700 ~ 1000 吨以及 >135 马力	850	28050	254150	1394850
>1000 吨以及 >135 马力	1300	5200	78000	1596400
全部的货运船队	n. a.	1035195	2659225	7801008

注：n. a. 指不适用。
资料来源：越南注册局的数据。

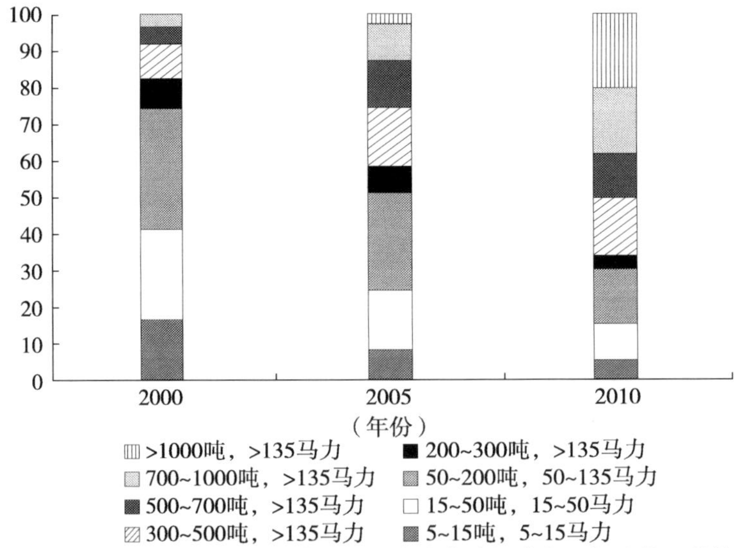

图 3.3　2000—2010 年越南按载重吨分类的内陆河道货运船队的运载能力

资料来源：越南注册局的数据。

随着运输量的增加，小型船舶（小于200载重吨）的运输量份额在过去十年间大幅下滑，从70%下降到30%。这也意味着船舶的平均寿命在过去的十年间减少了（具体的数据现在不可得）。第四章将会讨论船舶在燃油率和温室气体排放方面升级的重要性。表3.12说明早在2002年，大型驳船的比例已上升，500载重吨以上的驳船已占到运载量的一半（见表3.12）。这个比例目前可能更大了。

表3.12　　2002年湄公河三角洲驳船的特征

大小分类	船只数量	比例（%）	平均马力
0~200吨	1101	13	74
200~300吨	452	13	172
300~500吨	558	26	240
500~700吨	415	29	282
>700吨	200	18	533
全部	2726	100	n. a.

注：n. a. 指不适用。

资料来源：越南注册局的数据。

（二）远洋船队

根据越南航海局，远洋和地区贸易中共用1654艘船。图3.4列出了船队的船舶类型。在所有的船舶中，68%的船舶用来运输干货，23%是服务类船舶（比如拖船）。

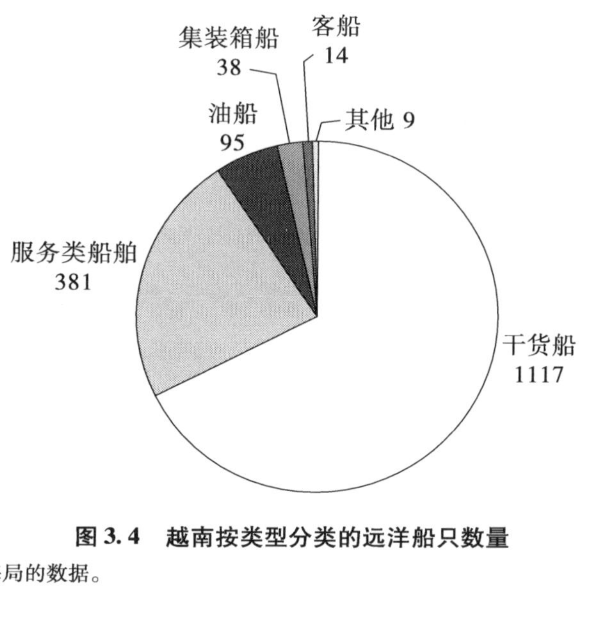

图3.4　越南按类型分类的远洋船只数量

资料来源：越南航海局的数据。

从船舶调度角度看，越南航海局的数据表明，在1654艘用于海运的船舶中，有905艘船舶来往于远洋路线。分解成终端使用类别，就会发现这和图3.4所列的类似。因为客运和服务类船舶不在本研究范围之列，就不对此类船舶做进一步的分析了。分析载重吨大小可以看出，大部分远洋船舶的吨位都在500～5000载重吨（见图3.5）。

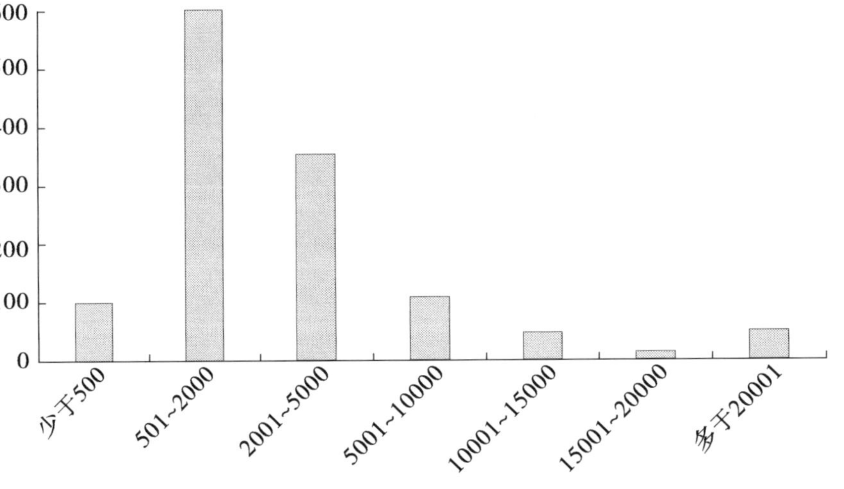

图3.5　越南2010年按载重吨分类的远洋船只

注：不包含客轮。

资料来源：越南航海局的数据。

在越南航海局注册的集装箱船舶有38艘，平均载货量为8633载重吨，平均使用寿命为16～17年。表3.13总结了这些船舶的特点。

表3.13　2010年越南航海集装箱船舶的特征

特征	集装箱船只
船只数量	38
平均载重吨装载量	8633
全部载重吨装载量	328071
平均使用年限（年）	16.4
2010年载重吨加权平均使用年限	16.8

资料来源：越南航海局的数据。

注册的最大和最小的集装箱船舶的载货量分别为4500载重吨和16000载重吨。表3.14列出了集装箱船舶的大小类别，以及对应的尺寸和20英尺标准集装箱的载货量。在越南，所有的集装箱船舶的载货量为400～1100个标准集装箱，只有很少的一部分船舶小到可以在河面航行。不少航行于海洋—河流间的集装箱船舶可能在越南注册局注册为内陆水运船舶了。

表 3.14　按船只大小分类的典型集装箱船只的特征　单位：米

载重吨大小分类	2008 年英国劳氏船级社的观察报告	标准集装箱	船宽	吃水深度	总长
5000	70	411	18	6.1	105
10000	754	752	21	7.7	135
15000	558	1077	24	8.6	155

资料来源：英国劳氏船级社的数据。

（三）海河船舶

虽然越南有海河一体船舶，但是越南并不像欧洲，有各种大小的海河船舶。在南部地区，很多湄公河三角洲地区的码头都能接纳海河船舶，降低了在海港和上游河港之间某些河段对内陆水运的需求，但是这方面还没有引起足够的重视。

越南 1 类河道目前可以接纳最深为 2.5 ~3.1 米、最长为 44 ~52 米、最宽为 8.8 ~10 米的船舶。但是对于海河船舶，尤其对海河的长度来说（见补充材料 3.3），越南的 1 类河道亟需大幅度升级。①

需要指出的是，按照《越南交通运输体系可持续发展综合研究》（简称 VITRANSS－2）的结果，越南船只的基本弱势在于船舶的宽度不符合国际海洋组织的标准。在对供应方和船主的采访中，他们也表达了质量标准需要升级的需求。越南船舶在外国港口相对较高的滞留率也说明了这点。

补充材料 3.3

欧洲的海河船舶

由于船舶大小，以及还要一直参与繁忙的内陆运输，海河船舶必须具备优良的水中转向和推进性能，这点类似于现代功率强大的机动内陆船和推船。此外，海河船舶的船舱必须设计良好，来适应受限的通航。这和“一人指挥”的理念是一致的，以此避免延迟反应，以及可能出现的误解，因为不是一人指挥的话，在发出命令和执行命

① 只有当船只装货量很大，才能达到最大吃水深度 4.5 米。在不同的负载系数情况下，一艘典型的河海船只的吃水深度也可达到 3.0 米。

令之间可能会出现延迟或误解。但是最重要以及最困难的是要解决船舶在浅水航行的问题（平底、隧道式船尾、双推进器、高效船舵、艏部推进器、吃浅水时的高装载量）。因为设计船舶时通常不能满足深海通航的要求，那么在设计船舶时要优先考虑浅水航行的特性。

海河船舶最初是在20世纪50年代早期开发的，现在已有多种船型，很多船舶是专为某种运输路线设计的。最常见的多功能海河船型是载重量为2500载重吨，87.5米长，11.3米宽，5.4米深，最大的吃水深度为4.15米，高度为固定的9.1米或6.4米。此种船型由越南海防的Thanh Long造船厂以及荷兰的Damen造船厂制造。

资料来源：Ecorys。

（四）内陆河道船舶的现代化

船舶现代化是非常好的发展目标。因为这会带来：①内陆水运在全部的货物运输中份额的增加；②在能源消耗和设备维护方面更高的运输成本效率；③温室气体排放的减少（从吨·公里角度看）。

国际经验表明，船队现代化一般包括以下三个主要方面：

（1）将现代技术应用于现有的船舶和船舶操作上（比如改装）。

- 更新推进发动机，可以大幅降低排放水平；
- 安装螺旋桨导管提高推进效率；
- 安装高效的船舵系统提高操控效果；
- 安装艏部转向系统更好地应对急弯；
- 安装铰接驳船系统；
- 用方位驱动代替固定的螺旋桨系统以更好地操控船舶；
- 安装领先的航海设备（比如，探照灯、回声探测器、河流雷达、转向速度指示器、回转罗盘控制的导航、通信设备、GPS、电子海图）来实现夜间通航，以及对河道的最佳利用。

（2）在最新潮的概念指引下，计划、实施新的建筑工作来支持船队的更新（见补充材料3.4）。

（3）引进新的或效率更高的河道运输系统（比如创新性的驳船概念和装卸货设备）。

补充材料3.4

荷兰的船队更新政策

20世纪90年代早期，欧洲的内陆水运船舶运输量过剩。过多的船舶运输有限的货物。为了解决市场的结构性运输过剩问题，欧洲于1996—1998年发动了欧洲联合行动计划。早在欧盟采取措施之前，荷兰政府就已经采取行动来降低内地河道运输的运输能力过剩的问题了。通过资金刺激，用数量较少的大型船舶代替众多小型船舶，降低了过量的运输量，但船舶的平均运量增加了，这也有助于提高经济规模。结果荷兰船队以惊人的速度实现了现代化。20世纪70年代和80年代的旧船报废项目和90年代的以旧换新项目引发了一轮新的扩张和造船活动。以旧换新项目报废的船舶运载量比新修建的船舶运载量高出近50%。

表 B3.4.1　　荷兰船队的升级和现代化

计划	报废的船只	载重吨	成本（百万）
荷兰内河船只报废的结果			
1968	905	163000	5
1976	517	231000	19
1977	1019	481000	15
1980	157	56000	2
1986	359	324000	12
1990—1997年荷兰内河船只以旧换新的结果			
干货船只	679	586000	—
油船	77	84000	—

注：成本是指用在项目上的政府资助；“—”指不可得。
资料来源：Ecorys。

（五）船舶平均装载量增加

只要船只通航河段允许，通过增加船只的长度、宽度和吃水深度，不需要改进河道，就可以增加全国的载重吨装载量。但是一定要仔细调研每段通航的河道。最大船只尺寸几乎都和航道的限制相关，详情见表3.15。

表 3.15　　增加船舶载重吨装载量的限制

参数	限制
长度	河道弯曲程度、船闸长度、河道宽度、船只的操作性
船宽	河道、码头和桥梁通路宽度
吃水深度	水深、河底泥土类型以及可接受的龙骨下水深

资料来源：Ecorys。

此外，经济增长和积极的财政制度都会刺激对新船只的投资，油轮还要面临从单壳船向双壳船转变的压力。截至 2006 年年底，荷兰是唯一向全国船队提供税收优惠的国家。

船队升级和提高船队单位装载量是个长期过程。图 3. 6 列出了西欧在过去 50 年间内陆船运业平均船只装载量升级的漫长历史过程。

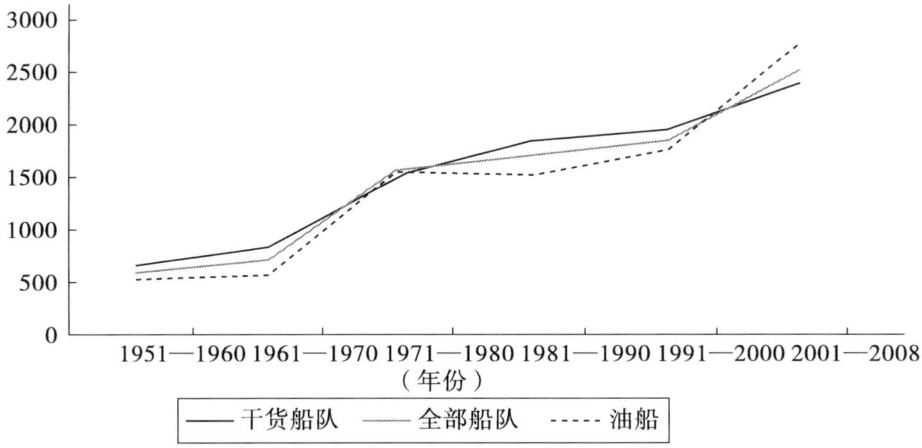

图 3. 6　西欧（比利时、德国和荷兰）内陆水运船只的载重吨平均增长量和越南载重吨的对比

资料来源：荷兰内陆船运信息处，2009 年。

补充材料 3. 5 列出了荷兰船队在 2000 年和 2008 年内河船队的发展过程。在越南，过去十年在市场的持续推动下，内河河道运输一直在升级。在荷兰，目前所有的运营船只的装载量总和大约为 600 万吨，平均每艘船的装载量为 1300 载重吨；大约有 95000 艘运营船只，全部装载量约为 800 万吨，平均每艘船只的装载量只有 80 载重吨。越南最大的 8700 艘船只的全部装载量约为 550 万吨，每艘船只的平均装载量比 600 载重吨稍多。

虽然越南在过去十年间经历了较大规模的船舶升级，但是船舶的平均装载量还是偏低。因此，越南内陆水运船舶的升级空间巨大。但是，在越南使用大型船舶预期会遇到不少障碍，尤其是基础设施的瓶颈会限制内陆水运船舶的升级以及对海—河船舶的使用。因此，并不是所有的河道都会升级通航的船舶。

船舶升级会提升船舶尺寸的经济性，船舶的大小每增大 1%，平均运费就会降低超过 1%。不仅每载重吨的固定运费（人工、资本和保险）会下降，大型船舶的燃油率更好，这样会降低燃油费和二氧化碳排放量。船舶升级最初始于最商业化的 600 载重吨的船队，对越南来说，核心路线上 400 ~ 500 载重吨船舶的升级是可行之路（第五章会进一步讨论这方面的政策措施）。因为越南过去十年间的船舶升级不涉及具体的公共政策，因此可以说，公共政策可以非常灵活地适应不断增长的货运量需求，同时还可促进船舶现代化和船队规模升级。有针对性的公共政策不仅可以加快这一过程，还可以带来可观的经济回报。

补充材料 3.5

荷兰内陆水运船舶 2000—2008 年的发展历程

在 2000—2008 年荷兰内陆水运的干货船和油轮的总量下降了 18%（见表 B3.5.1）。但船舶大小不同，其总体增长率也不同：小型船舶数量大幅下降（运载量低于 1500 载重吨），大型船舶的增长幅度也有所不同（运载量超过 1500 载重吨）。

和船舶数量不同的是，从 2000 年至 2008 年，荷兰船队的总体装载量增加了 4%（见表 B3.5.2）。再次重申，小型船舶的数量大幅下降，运载量在 3000 载重吨以上的大型船舶迅速增加。

表 B3.5.1　　2000 年和 2008 年按载重吨统计的荷兰内陆河道的船队数量

船只载重吨分类	2000 年			2008 年			2000—2008 年的变动率（%）
	干货船只数量	油轮数量	全部船只	干货船只数量	油轮数量	全部船只	
最高 249	449	232	681	235	222	457	-33
250 ~ 399	532	37	569	302	27	329	-42
400 ~ 649	808	81	889	567	58	625	-30
650 ~ 999	1066	70	1136	761	56	817	-28
1000 ~ 1499	920	154	1074	714	100	814	-24
1500 ~ 1999	315	80	395	331	74	405	3
2000 ~ 2499	190	75	265	220	82	302	14
2500 ~ 2999	291	43	334	347	51	398	19
3000 及以上	113	29	142	268	84	352	148
全部	4684	801	5485	3475	754	4499	-18

资料来源：莱茵河船运中央委员会，2009 年。

表 B3.5.2 2000 年和 2008 年按载重吨统计的荷兰内陆河道的吨位

船只载重吨分类	2000 年			2008 年			2000—2008 年的变动率（%）
	干货船只吨位	油轮吨位	全部吨位	干货船只吨位	油轮吨位	全部吨位	
最高 249	65	24	89	30	23	53	-40
250~399	173	12	185	101	9	110	-41
400~649	434	40	474	308	29	337	-29
650~999	868	57	925	617	45	662	-28
1000~1499	1115	194	1309	860	126	9986	-25
1500~1999	537	135	672	561	123	684	2
2000~2499	426	166	592	495	180	675	14
2500~2999	807	119	926	961	140	1101	19
3000 及以上	412	98	510	990	326	1316	158
全部	4837	845	5682	4923	1001	5924	4

资料来源：莱茵河船运中央委员会，2009 年。

五、对河道、港口和船队的总结

越南有密集的内地河道网，其中 41900 千米的河道可通航，15000 千米的河道在中央管理之下。南部和北部地区的核心水域部分（大概有 4500 千米）是级别最高的河道。在这些核心水域的某些部分进行了一些投资项目，但是改善和维护河道的公共资金不足。

越南有 7000 个河港和浮动码头，但是只有大概 30% 是用来承载主要的物流。有一些浮动码头既没有注册也不受管理，虽然会阻碍通航并具有安全隐患，但是对河两岸的工业来说却非常方便。越南还有 49 座海港，最重要的海港都集中在北部地区的海防附近，以及南部地区的胡志明市附近。

由于越南于 2000 年将越南的内陆水运市场向私营运营商开放，2010 年越南的河道船舶数量几乎是 2000 年的 3 倍。在过去的十年间，越南的船队也经历了一股升级潮，这和西欧在过去五十年间经历的升级过程类似，但是升级的规模不同，因为越南的船运业毕竟刚起步。随着运输量的增加，装载量在 200 载重吨以下的船舶运输量在过去十年间从 70% 急剧下降到 30%，而装载量在 1000 载重吨以上的船舶的运输量占到船运总量的比例从 2000 年的不到 1% 上升到 2010 年的 20%。

尽管越南升级了船舶，但是和荷兰船舶平均 1300 载重吨的装载量相比，越南的船舶平均装载量则很低，只有 80 载重吨，这明确说明了越南船舶进一步升级的空间巨大，并应该考虑越南所要走的升级之路。船舶升级水平取决于最重要河道的通航能力。由于基础设施的瓶颈，使用大型船舶会遇到各种各样的障碍。同时需要指出的是，政府的税收优惠和其他财政刺激加速了西欧和荷兰船舶的快速升级。到目前为止，越南的船舶升级主要是靠市场力量的推动，政府还没有采取任何激励措施加速船舶升级，也就是说激励措施可以加速现代化和升级的过程。

参考文献

[1] Central Commission for Navigation on the Rhine. 2009. Inland Navigation in Europe: Market Observation. Report 7. Strasbourg, France: Secretariat of the Central Commission for Navigation on the Rhine.

[2] Dutch Inland Shipping Information Agency (BVB) . 2009. The Power of Inland Navigation 2010—2011. Rotterdam, the Netherlands: BVB.

[3] ECMT (European Conference of Ministers of Transport) . 1992. Resolution No. 92/2 on New Classification of Inland Waterways. http://www. internationaltransportforum. org/IntOrg/acquis/wat19922e. pdf.

[4] JICA (Japan International Cooperation Agency) . 2009. The Comprehensive Study on the Sustainable Development of Transport System in Vietnam (VITRANSS - 2) . Hanoi: JICA.

[5] Louis Berger Group and Royal Haskoning. 2006. Mekong Delta Transport Infrastructure Development Project (MTIDP) Feasibility Study. World Bank: Washington, DC.

[6] VIWA (Vietnam Inland Waterway Administration) . 2007. National Technical Regulation on Technical Classification of Inland Waterways. Draft. Hanoi: VIWA [J] .

[7] ———. 2009. The Review on the Master Plan of Inland Waterway Transport Development Up to 2020. Hanoi: VIWA.

[8] World Bank. 2006. Transport Strategy, Transition, Reform, and Sustainable Management. Hanoi: World Bank.

[9] ———. 2007. Mekong Delta Transport Infrastructure Development Project (MDTIDP) Project Appraisal Document. Washington, DC: World Bank.

[10] ———. 2008. Northern Delta Transport Development Project (NDTDP) Project Appraisal Document. Washington, DC: World Bank.

第四章　不同运输模式的能源使用效率和温室气体排放

2005 年，越南的二氧化碳排放量达到 8160 万吨，其中 2030 万吨，大约占 25% 的排放量来自运输行业。在运输行业，大约 92% 的二氧化碳排放量来自公路运输，大约 5% 来自河道运输（包括内陆水运和沿海航运）。这些排放量包括客运和货运。因为越南没有按照运输模式统计的货物运输气体排放数据，所以我们就以表 2. 1 吨 · 公里模式为基础来大致估算公路货运和河道货运的气体排放比例。假设每吨 · 公里公路运输排放的温室气体是河道运输的 2 ~ 3 倍，公路运输占 38%，河道运输合起来共占 62%，为简单起见，在此忽略了铁路运输和空运的 4%。虽然从吨 · 公里的角度说，公路运输排放的温室气体所占份额较小，但是也是内陆水运和海运合起来的 1. 2 ~ 1. 8 倍。本章将进一步分析这些估算，以便更好地理解各种运输方式所产生的温室气体。

一、不同运输模式的相对碳浓度

运输服务的成本并不总是能反映社会成本和收益。外部成本和收益包括污染造成的环境成本、温室气体排放、交通拥堵、交通事故、噪声和各种正面影响［通常是指莫尔（Mohring）效应］。[①] 运输模式的不同，每吨或每吨 · 公里的温室气体排放量差异会非常大。综合考虑温室气体排放、噪声、安全性、交通拥堵和莫尔效应，内陆水运或海运要优于公路运输。

内河河道航运中的莫尔效应或密度效应能产生经济效益。河道的莫尔效应可以解释为：如果公路的交通运输量增加，交通堵塞变严重，以此增加车量的运营费用和时间成本。但是，增加沿海和内陆水运可以产生积极影响。国际贸易的增长要求使用更大型的船舶，这样会降低运输费用并提高船舶的使用频率，[②] 降低出口商和进口商的库存占用成本。这种效应同样适用于定期远洋航运，而定期远洋航运的运量增加又会同时降低运输费用和库存占用成本（具体内容见附录 E）。[③]

---

① “莫尔效应”最初指的是在转运服务中增加回报的积极影响——增加转运频率会降低等待时间，增加需求，转运的频率也会进一步增加——这种效应也适用于其他运输情况。

② 最初认为更大型的船舶会降低服务的频率，但是如果运输量增加的话，这种情况也会发生改变。

③ 在某种程度上，公路运输可以使用大型卡车，这样可以减少卡车的数量，公路运输也可以产生一些积极的莫尔效应。

河道和公路运输的排放量在很大程度上受到船舶和车辆的大小和使用年限的影响，船舶和车辆越大，它们提供单位服务的排放量就越小，车辆和船舶的发动机使用年限越久，燃油率就越低。所以对比不同运输方式取决于卡车和船舶的大小、组成和发展，除了大小和使用年限，交通堵塞程度越严重，温室气体排放量就越高。此外，交通强度越高、卡车载重量越大，公路网的运营成本就可能增加。虽然河道运输也会有交通堵塞，但是公路运输堵塞更为常见。

本章中公路和内陆水运的排放量情况是从文献中获取的。接下来会估算提高内陆河运环保性能措施的潜在效益。为了设计运具分配模型（见第七章和附录 D），接下来会用收集到的现场数据和假设的干预措施详细分析这种方法。

图 4.1、图 4.2 和图 4.3 列出了不同运输模式每吨·公里的排放量范围（补充材料 4.1 讨论作为关键对标的荷兰内陆水运的碳密度）。应该指出的是，这些估计只适用于欧洲和经济合作与发展组织国家，也说明排放量越高越适用于新型经济，因为新型经济一般对车辆和基础设施维护投入的资源较少，而且运输和航行效率更低。

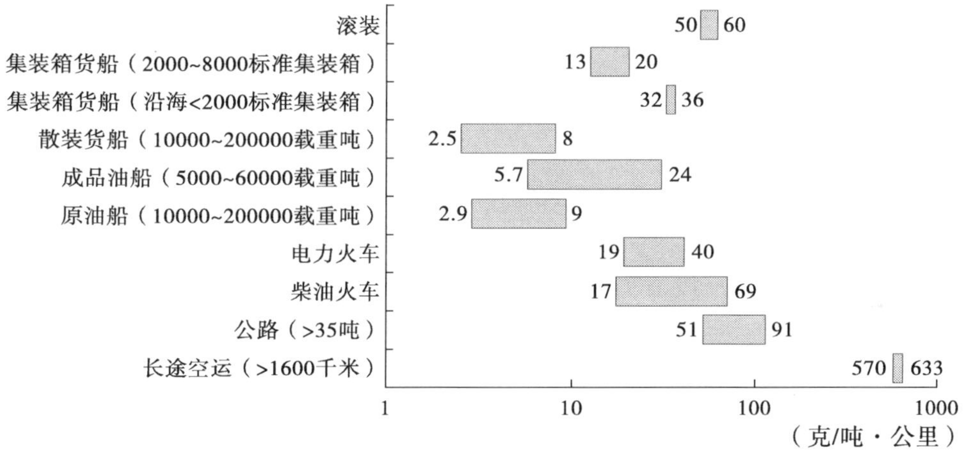

图 4.1　部分货运模式的二氧化碳排放浓度，对数标尺

资料来源：国际运输论坛的估计，2008 年，见 Crist 2009。

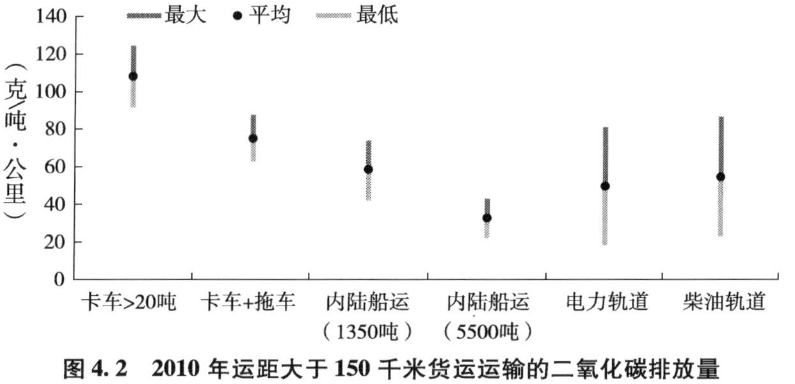

图 4.2　2010 年运距大于 150 千米货运运输的二氧化碳排放量

资料来源：荷兰内陆船运信息处，2009 年。

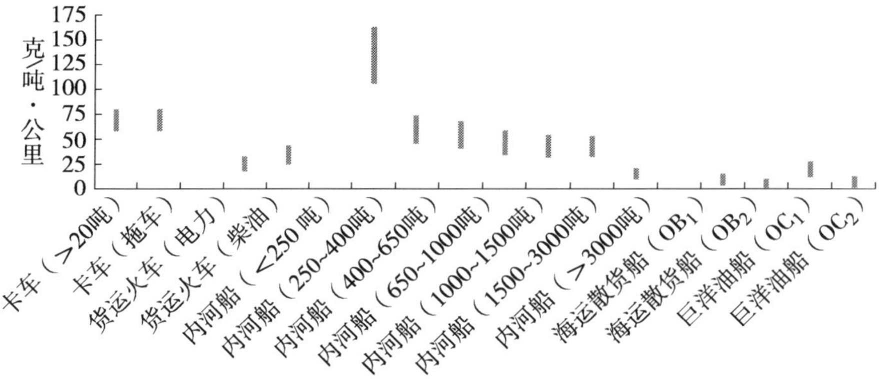

图 4.3　2000 年长距离大宗货运的二氧化碳排放量

资料来源：Van Essen，2003 年。

大型船舶的碳排放强度是远洋集装箱船舶的 3 倍，远洋船舶每吨·公里的碳排放强度是 323 ~ 326 克，载重量大的卡车每吨·公里的碳排放强度为 51 ~ 91 克（见图 4.1）。图 4.2 提供的预测更符合越南的现状（比如反映了相对来说由小型和效率低下的卡车和内陆水运船舶构成的环境）。基于图 4.2，卡车的碳排放平均强度（每吨公里 90 ~ 125 克）是内陆水运船舶（每吨·公里 40 ~ 70 克）的 2 ~ 3 倍。

补充材料 4.1

荷兰 1995—2005 年内陆水运二氧化碳排放量

荷兰内陆水运每吨·公里的二氧化碳排放量大约为 40 克，1995—2005 年十年间下降了 13%（见图 B4.1.1）。另外，同时期每吨·公里的二氧化碳排放量以相同的比例增长。综合来看，这些趋势也说明荷兰内陆水运的规模持续上升，因为船舶数量变少了，但是载货量增大了，因此增加了每吨·公里的运输效率。

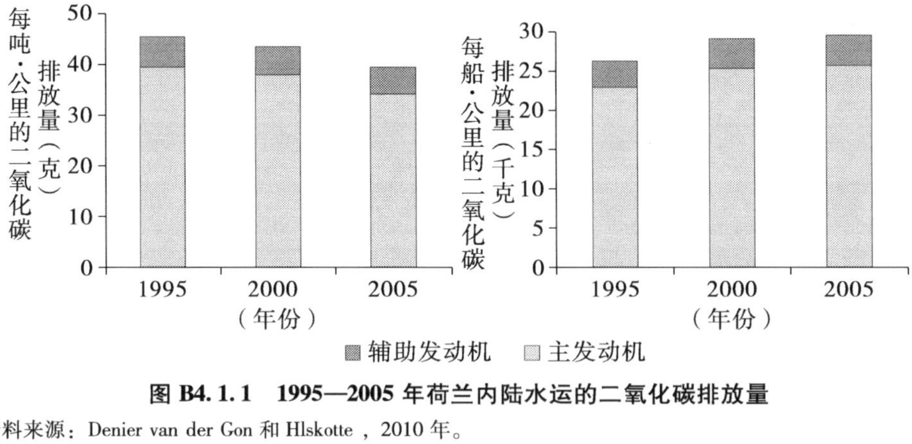

图 B4.1.1　1995—2005 年荷兰内陆水运的二氧化碳排放量

资料来源：Denier van der Gon 和 Hlskotte，2010 年。

图4.3列出了碳排放范围最符合越南的情况，因为图4.3关注的主要是散装货物，散装货物是越南最主要的内陆水运商品类型，越南的内陆水运船舶是吨位低于250吨的相对较小的船舶。卡车货运每吨·公里的二氧化碳排放量为60～80克，内陆水运船舶每吨·公里的二氧化碳排放量为30～160克。在越南尤其是湄公河三角洲地带的小型卡车位于碳排放范围的顶端。这个数字也表明，要提高内河船运的效率需要将船舶的载重吨位由小于250吨提高到大于250吨。这同样说明随着船舶升级和船型变大，越南的河道运输排放量会趋向排放范围的低端。

二、温室气体排放量降低的估计

此部分通过评估船舶现代化和运输方式的改变，进一步关注公路和河道运输的二氧化碳排放量的降低。表4.1列出了越南内陆水运的船舶大小，以及在2000年和2010年的船舶数量。排放因素表明对越南船舶运输吨位的分类是基于专家判断和上面列出的文献而作出的。从船舶数量来看[①]，2000年越南船队二氧化碳平均排放量为每吨·公里146克，这一数字到2010年减少为137克。从装载量来看[②]，2000年越南船队平均二氧化碳每吨·公里的排放量为110克，2010年下降为71克。

综合考虑船队的平均排放量和交通量，用来估计越南内陆水运的二氧化碳的排放量（见表4.2）。2030年的运输量有两种可能。“升级和现代化”情况假设越南船队的排放系数会从2010年的每吨·公里的71克二氧化碳下降到2030年的50克。“冻结排放因子”情况假设2010年后二氧化碳排放量没有改进。到2030年每年的二氧化碳排放量会降低100万吨。这样的结果部分是市场驱动的结果，部分归于政府制定的政策和激励措施。

表4.3假设有10%的运输模式是从公路转移到河道，这样温室气体排放量会下降。表4.3是在专家意见的基础上使用预测排放因子来预测越南的卡车，这样到2030年，运输模式的转变会减少40万吨二氧化碳的排放量。

通过比较表4.2和表4.3，最初的结果说明，对越南来说，降低货运排放量的关键是使用较大型的船舶和现代、更清洁的发动机。这些措施可以降低排放量，因为转变运输模式就可以降低排放量，乐观的估计是运输方式有10%的转变，但

---

① 通过船舶数量加权得出的船舶平均排放系数是用每类船舶的数量除以船舶总数量的商，再乘以每类船舶的平均排放系数得出的。

② 通过船舶装载量加权得出的船舶平均排放系数是以下三者的乘积：①每类船舶的平均排放系数；②船舶载重吨位分类中的平均载重吨；③每类船舶分类的船舶数量除以每类船舶分类的船舶数量与船舶载重吨分类中的平均载重吨的乘积。

从长期来看，切实的运输方式转变率为13%。这将有助于制定优先考虑船舶和发动机的政策。

表4.1 越南内陆河道船队平均排放量的变化

内陆水运船只装载量（载重吨）	内陆水运每吨·公里的二氧化碳排放量（克）	2000年船只数量	2010年船只数量
5~15吨，5~15马力	160	22531	53239
15~50吨，15~50马力	130	7875	23902
50~200吨，50~135马力	100	2749	9266
200~300吨，>135马力	75	340	1248
300~500吨，>135马力	60	239	2989
500~700吨，>135马力	50	88	1613
700~1000吨，>135马力	45	33	1641
>1000吨，>135马力	40	4	1228
从运输船只来看，每吨·公里的二氧化碳平均排放量（克）	n. a.	146	137
从装载量来看，每吨·公里的二氧化碳平均排放量（克）	n. a.	110	71

注：n. a. 指不适用。
资料来源：Ecorys。

表4.2 船队现代化和升级的收益

越南内陆水运二氧化碳排放量	2010年	2030年现代化和升级后	2030年“冻结”排放量
内陆水运每吨·公里的二氧化碳平均排放量（克）	71	50	71
内陆水运[a]的吨·公里量（百万吨·公里）	63	48	48
内陆水运的二氧化碳排放量（百万吨）	1.6	2.4	3.4

注：a. 此处以日本国际协力机构2009年预计的2008年和2030年之间内陆水运的年均增长率为3.7%为基础。
资料来源：荷兰内陆船运信息处，2009年。

表 4.3　从公路货运向河道货运转变带来的收益

越南二氧化碳排放量	2010 年	2030 年
卡车平均每吨·公里的二氧化碳排放量（克）	110	80
内陆水运平均每吨·公里的二氧化碳排放量（克）	71	50
公路[a] 的吨·公里量（单位：十亿吨·公里）	30	129
公路的二氧化碳排放量（单位：百万吨二氧化碳）	3.3	10.3
公路运输份额减去 10%（十亿吨·公里）	n.a.	116
运输方式向内陆水运的转变（十亿吨·公里）	n.a.	13
公路二氧化碳排放量（单位：百万吨）	n.a.	9.3
从公路货运向内陆水运转移排放的二氧化碳（单位：百万吨）	n.a.	0.6
运输方式转变，公路运输 + 内陆水运（单位：百万吨二氧化碳）	n.a.	9.9
由运输方式转变减少的二氧化碳排放量（单位：百万吨二氧化碳）	n.a.	0.4

注：n.a. 指不适用。

a. 此处以日本国际协力机构 2009 年预计的公路货运量从 2008 年到 2030 年之间的年均增长率为 7.5% 为基础。

资料来源：Ecorys/世界银行分析。

三、结论

本章有三个结论：

（1）内陆水运（船舶大于 250 载重吨的）和海运比公路运输每吨·公里的二氧化碳的排放量更少。

（2）越南可效仿欧洲的做法，船运市场使用更现代的发动机船舶，这样可极大地提高船队的环保性。

（3）具体的提高效率的做法要比仅仅适当地将公路运输向水运转移能更好地降低温室气体排放量。

虽然上述结论是在本章的分析基础上得出的，但是这些结论会在后面的章节里用运具分配方法和成本—收益方法进行检测和验证（详见第七章和附录 D－F）。

参考文献

［1］Buhaug，Ø.，James J. Corbett，Øyvind Endresen，Veronika Eyring，Jasper Faber，Shinichi Hanayama，et al. 2008. Updated Study on Greenhouse Gas Emissions from Ships：Phase I Report. London International Maritime Organization.

［2］Crist，Philippe. 2009. "Greenhouse Gas Emissions Reduction Potential from International Shipping". Joint Transport Research Center of the OECD and the International

Transport Forum, Discussion Paper 2009 - 11, Organisation for Economic Co-operation and Development, Paris.

[3] Denier van der Gon, H., and Jan Hulskotte. 2010. Methodologies for Estimating Shipping Emissions in the Netherlands: A Documentation of Currently Used Emission Factors and Related Activity Data. AH Bilthoven, the Netherlands: Netherlands Environmental Assessment Agency.

[4] Dutch Inland Shipping Information Agency (BVB). 2009. The Power of Inland Navigation 2010—2011. Rotterdam, the Netherlands: BVB.

[5] JICA (Japan International Cooperation Agency). 2009. The Comprehensive Study on the Sustainable Development of Transport System inVietnam (VITRANSS - 2). Hanoi: JICA.

[6] Van Essen, H. P., Olivier Bello, Jos Dings, and Robert van den Brink. 2003. To Shift or Not to Shift, That's the Question. Delft, the Netherlands: CE Delft.

第五章　主要的挑战和建议

四个小标题可以概括影响越南内陆水运和沿海航运进一步发展所遇到的障碍：①目前的规划；②制度/管理环境；③物理瓶颈；④财政瓶颈。本章就围绕这四个方面进行探讨。

一、规划

（1）只考虑一种运输方式会影响资源的有效利用率，并阻碍水路运输的发展。但是运输规划一般仅关注某一种运输方式，很少关注多式联运以及运输服务的整合。此外这样的规划对资源的分配也不清晰。运输部门大部分的资源都被分到了公路部门，对河道运输的拨款比公共投资计划中预计的还要少。结果，就不太可能改善整个运输体系。单一运输模式规划也反映了越南交通运输部的结构（这很像很多国家的交通运输部）。尽管交通运输部承认综合运输规划的价值，但是也承认在组织层面和人力资源层面遇到困难，也正在致力于不同运输部门之间的协调，不同运输部门之间的协调可确保制定多式联运规划。欧盟实施的一些支持多式联运规划的项目以及一些成功案例都对越南有借鉴作用。交通运输部可以从提高装载量方面获益。

（2）应该进一步探讨大型城市周边的无水码头的概念。多式联运在很大程度上依赖于供应链两端的物流服务设施。大部分的制造业商品的运输都要牵涉进/出口活动，在越南的工业园区和主要的城市周围都需要这样的服务设施，尤其是河内和胡志明市这两个大都市，因为这两个大都市占到了越南 GDP 的60%。

（3）越南从历史上重视散装运输，这削弱了集装箱运输。在越南，内河主要是用来运输大宗货物（比如建材、矿产等）。大宗货物运输会持续增长，也会因船队、河道和港口的改进而受益。货物运输的迅猛发展也和更广的运输货物范围分不开，大部分的货物都是用集装箱来运输的。因为目前的预测在很大程度上是基于历史趋势作出的，因此预测容易低估新运输方式的发展潜力。结果，被称为“核心”运输航道的航道未必会对集装箱运输起关键作用。这些货物运输将会集中在主要海港和大城市/工业区之间的走廊。

（4）有必要合理地制定港口规划。市场利益相关者也表明要制定河港发展总体规划，清楚地说明要从长远角度制订港口发展计划。目前，越南内河管理局和越南海洋管理局都负责制定河港规划，这样它们的角色分工会有些混乱。尽管目前的港口系统没有得到充分利用，但是目前的港口总体规划还是包含了太多的港口。所有港口总体规划需要对越南内河管理局管理的港口和越南海洋局管理的港口作出明确的划分，并明确划分两者的角色。港口总体规划需要这两个部门的通力配合，不仅在河港方面需要这两个部门的配合，海港方面也如此，因为两者关系密切，而且河港通常是海港的提供者，或者是进口的分发点。下面的相关章节还会讨论这一点。

（5）制定综合港口规划。港口至少会部分地促使公司和工业集群坐落在港口周围，而且港口也连接众多的生产网。港务局通常有权限综合地规划、发展和管理港口（见补充材料 3. 1）。越南主要的港口都是这种类型。

（6）船队规划：投资圈供求关系的不确定性。在过去几年，越南经济高速发展，运营商在新船上的投资很大。第三章的船队发展可以证实这一点。这提高了船舶的装载量和船舶大小。但是，这样的投资（很多是贷款投资）出于过高的乐观情绪而超出了市场的真正需求，2009—2010 年的经济危机加剧了投资者高额贷款的风险。这股投资潮和荷兰历史上的波动相似，在私营行业更普遍，不仅严重影响了造船业的稳定，也严重影响了和造船业相关的行业。对供求态势和预期的信息可以在私营业主作装载量和运营决策时起到一定的作用，并减少经济危机带来的影响。这样的市场信息可以从行业组织以及船商、供货商和政府处获取。

二、制度/管理环境

（一）这个行业的角色和职责分散且不清晰

具体表现为：

（1）海港。海港归几个部门管理，通常是越南航海局管理海洋部分，码头运营商（通常是越南国家航运公司，也有其他几家国有企业），以及当地政府管理内陆部分。这样就使得码头发展规划很难实施，并且实施期较长，由于对周边的支持性基础设施进行的合伙投资效率低下或延迟，而使得投资失败。

（2）河道。海港附近的沿海航运和河流运输因为同时属于越南内地水路局和越南航海局的管理，尤其受到影响。比如，海—河船舶可以航行到越南内地水路局管理下的河港。相反，内河船舶可以航行到越南航海局管理下的海港。大部分的海港都是坐落在河流两岸，而不是位于海边，这就加重了职能重叠。

（3）河港。虽然大型码头是在越南内地水路局注册并受越南内地水路局管理，国有企业来运营码头，但是小型码头一般都没有注册也不受越南内地水路局管理。

（4）毫无疑问的是，每位利益相关者都会从自己的角度来看待河流路线的发展。主要的挑战是所有的利益相关者能否达成一致意见。这就需要交通运输部发挥强有力的领导和协调作用。交通运输部不仅可以在地区性政府中发挥协调作用，也可以在运输行业发挥协调作用。

（二）私营运输者面临不公平竞争

私营运输者报告说，和国有企业相比，在同样的行业他们处于劣势。2008 年实施的《公司法》和 2010 年废除的《国有企业法》正式为私营企业和国有企业创造了相同的市场环境。实际上，国有企业仍然更容易贷款，它们可以获得更低的贷款利率和长期的贷款期，以及隐形的政府担保。除此之外，在某些市场，一些国有企业仍占据控制地位，这样极大地降低了竞争性。比如，北方内河运输公司（NIWTC）控制了北部地区内陆水运 80% 的市场份额。同样地，越南国家航运公司和越南造船工业集团在沿海航运和造船市场上也占据相当大的市场份额。撇开这些国有企业是否享受优惠不说，它们确实势力雄厚。这些情况需要以一种清晰、透明的方式来解决，以此来清除阻碍或降低多式联运物流和船队现代化的障碍，也可使此行业从私营企业带来的创新和效率中受益。

（三）需要更加重视运输链中不同主体之间的合作

需要进一步整合运输链中的各种活动。如果货主不能轻易地协调不同的路线，他们就会倾向于继续沿用原来的做法，而不是选择更具综合性的运输方式（多式联运）。合作平台将货主、运输公司和服务提供商整合在一起，这样就可以避免这种弊端。此外，将供应链上的交互次数降至最低可以减少权力寻租和腐败的机会。2006 年越南多式联运管理建立全国物流论坛来推动政府和物流业以及消费者之间的协商，应该重视此活动。这也有助于提高行业服务和市场开拓。

（四）应该分清公共部门和私营部门在河港的所有权、经营和管理中的角色划分

当前的管理框架并没有分清公共部门和私营部门在港口的所有权、财务、运营和管理中所扮演的角色，公共部门和私营部门各自应该发挥什么作用也没有明确说明。如果私营部门愿意在公共码头运营方面投资，那么公共部门对码头就应该只拥有所有权和发挥监管的作用。这样就可以将稀缺的政府资源转移到其他活动中去，还可以利用私营行业所带来的创新和效率。

（五）将港务局的职责和码头运营区分开来

为了使河港运营更加现代化，建议在港口协议下，让私营运营商管理主要的河港，不同港口之间的竞争会刺激对装卸货和货物存储设备的投资，这样也会使终端使用者获益。私营部门也应对港口现代化进行投资。

（六）集装箱码头运营商和船运公司的联盟有优势也有问题

在过去的5~10年，船运公司一直想和码头运营商合并，这样可以控制供应链的更多环节，因此更具有竞争性。这种做法当然有一定道理，但是也可能造成垄断的局面，使小型船运公司处于劣势，并降低竞争性。所以，有提议要将越南国家航运公司对集装箱码头的运营和船运业务分开，是否会这样做取决于来自其他码头的竞争程度，以及联盟所占的市场份额。

（七）主要行业机构能力低下阻碍了行业的发展

负责制定本行业规划和规章制度的主要政府部门需要扩大职能：

（1）越南内陆水运局没有勘察船舶，私营企业反馈越南内陆水运局的河流地图不准，这需要对设备和能力建设进行投资。在写作本书之际，两项世界银行的项目——湄公河三角洲运输基础设施发展项目（MDTTDP）和北方三角洲运输发展项目（NDT-DP）为越南内地水路局提供了有针对性的能力建设支持。河道维护基金（WMF）可以为勘察船舶投资提供资助（见下文的资金来源部分）。

（2）越南航海局员工承认执行他们制定的规划和规章制度能力欠缺，因此越南航海局员工需要实施全面能力发展项目。

（3）越南注册局以及质保局的能力有待进一步提高，越南船舶的质量标准也需要升级和加强。注册局应该有能力使所有船舶都注册。这也能增加收入，下面的部分会讨论。此外，地方造船厂也要提高自己的能力，这也得益于几家发展合作者持续的帮助（比如，由挪威资助的对越南造船工业集团的培训支持，由荷兰提供的教育支持计划）。

（八）仓储作为河港商务模型的战略组成部分

仓储对有效的供应链至关重要。如果缺少有效的设计，会造成存储成本较高，并降低竞争性。货物从工厂被送到码头，码头就成为实际的存储、搬运中心。由于距离市场较近，码头附近的仓库会增强交货反应时间，使得内陆水运以大批次、更低的价格搬运货物，同时可以小批次、频繁地向客户投递货物。因为内陆水运码头把仓储功能视为其业务模型的一部分，以及改进传统的装卸货功能具有战略意义。

三、物理瓶颈

（一）河道

越南的内河水运分布不均，主要集中在北部和南部地区有限的一些路线上。地

图 5.1 和地图 5.2 列出了承载最大货运量的核心路线（目前和计划的长期物流），以及优先分配资源和进行改进的码头地址。

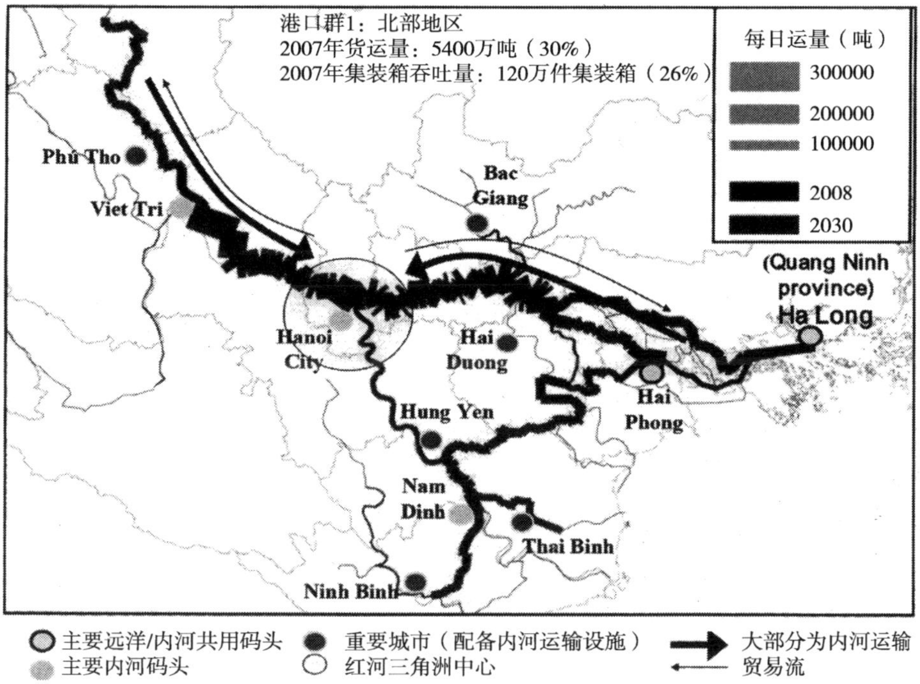

地图 5.1 北部地区主要的内陆河道和港口

资料来源：日本国际协力机构，2009 年。

除了这些路线，估计如果国际集装箱运输持续快速发展，将海港连接到河内和胡志明市的河道的货运量也会随之大幅增长。

运输量的增加已经给运输基础设施和船队带来了压力。此外，内河水运也面临着来自公路运输的强劲竞争。在这样的环境下，越南要求内河水运要能降低单位服务的运输成本，且具有竞争性。降低成本可以通过使用大型船舶提高船舶的经济性、增加运营效率以及提高物流服务水平来实现（比如以 IT 为基础的服务）。这尤其需要运输在多式联运方面发挥更积极的作用。此外，运输系统的整体可持续性也需要内河水运发挥重要作用，因为这会降低温室气体排放，缓解公路运输的堵塞。

但是不同的货主也需要不同的服务。大型公司具有自己的驳船，对内陆水运的技术标准提出了更高的要求（比如，更少的河道深度限制）。他们长期的发展方向是使用大型的船舶和驳船来提高效率，但是河道限制和较低的桥梁净空高度影响了这一发展趋势。内河水运的竞争优势同样取决于这些货主将他们的货物运输集中在有限的路线上，这样货运量趋向集中，就要求使用大型船舶。因此，建议对核心路线进行集中投资。

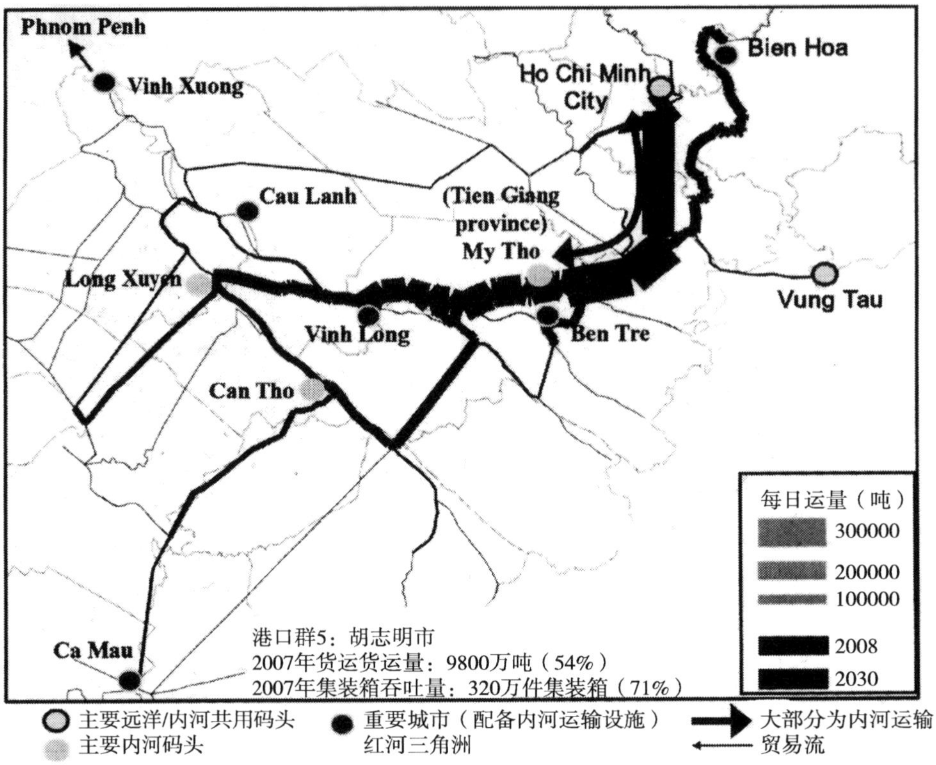

地图 5.2　南部地区主要的内陆河道和港口

资料来源：日本国际协力机构，2009 年。

但是，在越南快速发展的大环境下，当前扩大对河道的投资只能够解决中期需求（比如到 2020 年），需要再进行额外的投资，来进一步提高之前改进过的河道通航能力，或者解决之前一直被忽视的瓶颈问题，如秋高运河。同新项目的资金问题一样，当前河道维护费用的不足也需要优先考虑，加以解决。

（二）缺少对内河河道进行维护，阻碍了市场发展

对核心河道进行维护最重要。一旦选定河道，确定了河道的通航能力，就要对河道进行维护，比如确保符合设计的通航能力，为河道使用者提供可预测性。这也要求内河水运能提供可靠的物流网，以及具有竞争性的交付时间，这样内河水运对制造商品来说就是更具竞争力的运输方式，因为制造商品比大宗商品对时间要求更严格。只有对河道进行有效的维护才能实现这样的竞争优势。而内河河道运输却缺少资金。目前，用于河道疏浚和河岸维护的维护费用主要来自国家拨款，不能满足需求。虽然没有公司估计进行维护最低需要多少费用，但是无可厚非的是只有 50% ~60% 的最低维护费用到位。越南内地水路局估计每千米需要 2000 美元的

维护费用，但是他们只从中央财政中收到每千米 1000 美元的维护费用。没有足够的经费进行定期巡查，所以不能确定现存河道是否符合它们对应的技术标准。维护经费不足的另一个后果是无法出版最新的导航图。由于缺少资金，冲淤程度作为河道维护和河道疏浚项目的工具，也没有得到很好的记录和跟踪，河道疏浚项目也没有能够定期实施。

需要优先考虑河道维护。只有当使用大型、效率更高的内河水运船舶时，才能实现对河道的升级。对这些船舶的投资费用很高，所以如果不能进行定期维护确保河道标准的话，运营商就不会对更好的船舶进行投资。只有河道标准得到满足，运营商才能对河道升级进行有效的投资。如果不能对河道进行有效的维护，内陆水运的竞争性，甚至只是几条走廊的竞争性都会受到影响。解决这一问题的一种途径就是增加对河道维护的拨款。

（三）港口

越南需要建立海港、河港和内地的连接网，这需要重视不同类型货物的关键需求：①为大宗运输服务的主要海港以及与之相连的河港——这需要考虑用到内河的河港（这些河港坐落在工业区，里面的公司只需使用内河），这些内河可通过大型船舶；②为集装箱运输服务的主要海港以及与之相连的河港——主要考虑通过内河、公路和铁路与内地紧密相连的集装箱内河码头（位于物流区，公司从事集装箱进出口贸易）。

北部地区应重视海防地区的海港和内河港口的发展，连同 Nam Dink、河内和越池的 IWT 码头发展（见地图 5.1）。这样会为贸易最集中的路线提供一个核心三角网。南部地区应重视 Vung Tau 和胡志明市的海港和内河港口的联合发展，连同 My Tho、芹苴和 Long Xuyen 的码头发展（见地图 5.2）。这样的措施不仅支持对胡志明市和 My Tho/槟榔之间河道的频繁使用，也支持西南地区、西南湄公河三角洲地区以及跨境的内河贸易发展。

河港。需要理顺河港作为未来货物中转中心的作用，来指导港口投资战略。一级河港不仅是驳船的装卸货点，同时也提供连接内河和公路的跨运输方式服务，以及装卸集装箱、清关和其他服务。最重要的是在核心节点发展港口。还要确保所有用户都可以使用这些码头设施（当然有些码头是私营的）。NDTDP 改善了越池港口，越池港口可以作为货物中转中心的范例，因为港口连接河道、公路和铁路，很多的港口业务都是在工业码头进行的，一些基础设施就由港口使用者提供了。公共港口对大型船舶来说仍发挥着重要作用。货物首先通过内河船舶被运到港口，然后由卡车进行小批量运输。这种运输方式应继续维持自身的竞争性，不仅是因为其便捷性，还因为不需要使用高速公路，否则会造成公路交通拥堵。

内陆水运的天然劣势在于货物要两次装卸，但是如果内陆水运能够和其他运输方式更好地配合，尤其是和卡车运输相补充，那么这种劣势可以被抵消。

海港投资和运输连接。扩大西贡/胡志明市，岘港和海防市港口的计划已得到执行。因此，中心应移到港口和公路、铁路和内河的连接上。连接基础设施对深水新海港的成功至关重要。比如，Lach Huyen 港口需要一座 2.4 千米的大桥将其和海防连接起来。

南部地区应提供高速公路，这样可以让 Cai Mep - Thi Vai 实现全部运营。同样的，Soai Rap 河道的疏浚工作和 Hiep Huoc 地区码头竣工一致。和芹苴以及 My Tho 码头的连接还需改进，尤其是和 Quang Chanh Bo 河道的竣工一致。

集装箱码头：河港有限的集装箱装卸能力。私营行业察觉到了在海港和河港之间发展集装箱业务的商机，向当地客户提供卡车短驳拖运和转运服务。而这又需要公众能使用码头，以及有效管理集装箱码头。一些大型的私人内陆水运运营商认为如果拥有并管理他们自己的河港，而不是向公共码头运营商进行协商，这样效率更高。就算情况是这样，供公共使用的集装箱码头对小型内陆水运运营商来说也非常关键，因为多式联运中心一般位于港口附近，可以将小型的货运集中成大型的货运。

（四）船队

越南的内河船队从 2000 年就开始了成效卓著的现代化进程，而且几乎没有政府干预。在 2000 年之前，商业船队的数量和船舶都很小，但是从 2000 年开始，船队的船舶大小和装载量都得到了极大的改进。虽然主要是改进小型船舶，但是船队还是增加了为数不少的大型船舶。虽然在过去十年间，政府极少干预船队的现代化，而且这一趋势还会延续，但是欧洲的经验表明，经济刺激已经加快了现代化步伐。欧洲的情况概括起来就是“更少的船舶，更大的装载量”，但是在越南，仍然是小型船舶占到了国家船队的大多数。

越南一方面应该继续建造大型新船舶，另一方面应该减少小型船舶的比例。从政策干预的角度来看，焦点应放在开发清洁发动机技术、节约能源运营以及可持续造船上。这样做尤为重要，因为船队现代化所带来的温室气体减排量要比运输模式从公路转变到河道带来的减排量要大的多（见第四章）。

四、财政资助

增强交通运输业财政资助的举措

对河道的投资历来都是来自政府预算分配和政府发展支柱（ODA），但是对河道维护持续不断的资助则具有一定的挑战性。确保有足够的费用对河道进行维护的一个途径是建立 WMF，最初基金来自年度财政支持以及对河道使用者的收费（主要是船舶运营商，但是也有工业用户，以及近河道的地产开发商）。下面会讨论几种举措。这笔基金由越南内地水路局管理，接受一个由不同利益相关者群体组成的监督委员会的指导。

理想情况下，运输服务的成本应该反映服务的经济和社会成本，每种运输方式反映的都是真实的经济成本，用户会根据市场信号自由选择运输方式。这样可以平衡不同运输方式之间的竞争；鼓励竞争和竞争规则的连贯性、可预测性；使得效率不佳的公司（私营公司和国营公司）可以并存于市场。可行的做法应该是，交通运输基础设施的整个生命周期的成本可以从直接受益中收回。

如果这种做法得不到实施，应该建立弥补资金缺口的机制。但是，应该注意的是，如果不同行业之间的竞争方式不一样，会有额外的费用产生，这就有可能影响某行业的竞争性。但是如果各运输方式不能得到同等对待，那么由行业收取的额外费用将会影响行业的竞争地位。此外，从政治经济的角度看，如果没有同时采取提高本行业地位的其他措施，这种收费也很敏感、困难。以下是四种应该考虑的收费类型：①河道使用费；②注册费；③燃油费；④门面费。

（1）河道使用费：很明显，河道使用费就像过路费，可以在河道的重要地点收费。可以直接收取河道使用费，这听起来很诱人，但是实行起来也会有一定风险。三年前，越南实施了向河道使用者收取河道维护费用的项目，但是最终失败了。研究发现，失败的原因是没有建立一致的系统。

（2）注册费：可以向船舶所有者收取年度船舶注册费。理论上，这项费用利润丰厚。据估计，注册的船队吨数为 780 万吨（见表 3.11），每吨的注册费用为 2 万越南盾，那么，一年可收取的注册费为 1500 亿越南盾（750 万美元），足够覆盖核心网络维护费用的缺口。但是这需要一个有效率的船舶注册系统。这个注册系统也可发挥激励船队更新和现代化的作用。为国内船队的扩张建立一套特殊的资助机制可以提升国内沿海航运服务的竞争性和效率。

（3）燃油费：一部分是公路燃油费，另一部分是内陆水运燃油费。据估计，公路部分可收取 25000 亿越南盾（1.25 亿美元），如果水路运输只收取这个数字的 5%，那么河道运输基金每年也有 1250 亿越南盾（625 万美元）的收入，这几乎可以满足年度核心维护费用（现存预算体系提供的费用不包括在内）。

（4）门面费：由于地理位置的原因，企业一般都位于河流两岸。假设一年一米收取 5 万越南盾，河流两岸 1000 千米为征收范围，一年可收 5000 亿越南盾（250 万美元）。考虑到越南没有房产税，这样的门面费不算是双重收税。

在其他国家，已使用了一种或几种上述的收费机制，取得了一定的成功，尤其是在美国。虽然收取一定的费用来弥补河道维护费用的缺口是可行的，但是在越南，仍然需要强有力的政治领导，私营部门的积极参与也是必不可少的。

参考文献

JICA（Japan International Cooperation Agency）. 2009. The Comprehensive Study on the Sustainable Development of Transport System in Vietnam（VITRANSS－2）. Hanoi：JICA.

第六章　战略和行动计划

基于对水运行业的供需和水运行业前景，以及当前的制度和金融障碍的分析，内陆水运和沿海航运战略概括了主要的挑战和建议（见图6.1）。此战略考虑供需关系，制定了目标，列出了实现目标的方式和措施。

为进一步推动内陆水运和沿海航运的发展，需要在河道、码头、船队、物流服务和基础设施方面同时采取措施。为了采取这些措施，同时考虑到越南的公共财政越来越紧缩，建议利益相关方采取以下步骤：

- 重点关注核心网的河道和码头投资；
- 保证对这些优先河道进行持续的维护，确保河道的通航情况稳定；
- 向货主提供内陆水运和沿海航运服务作为运输的其他选择；
- 支持多式物流的发展。

船队的现代化在过去几乎不受政府的干预，船队的自发发展（受市场驱动的发展）已被证明可行，但是政府支持可以加速现代化进程。沿海河道是自然河道，不需要采取特别的升级措施，但对通向港口的河道的维护除外，尤其是在北部地区。发展多式联运设施是公共部门和私营部门应该通力合作的另一个领域。

为了实现内陆水运和沿海航运可持续发展的目标，应在四个领域采取措施：

- 可靠稳定的资助；
- 增加资助渠道；
- 提高内陆水运和沿海航运的竞争地位；
- 加强制度架构。

根据整体战略，已采取了以下一系列措施（见表6.1）：

- 描述措施；
- 执行时间表（只画出时间表）；
- 理想利益相关者责任分配；
- 资金来源；
- 补充，如果有的话。

根据全面战略而采取了一系列措施（见表6.1），包括以下内容：

- 对措施的描述；
- 执行措施的时间框架（仅供说明用）；
- 理想的利益相关者责任分摊；

- 可能的融资方案；
- 附注（如果有的话）。

下面一章评估公共领域干预措施的经济吸引力。

表 6.1　越南内陆水运和沿海运输发展的建议措施

干预类型/战略	战略组成部分	描述	实施时间	利益相关者职责	获得资助渠道	评论
减轻瓶颈情况	河道	对核心河道网进行投资	2013—2020	越南内地水路局	越南政府、官方发展援助	红河三角洲的走廊 1 和湄公河三角洲走廊 1，这两个走廊的运输量最大，应优先考虑
		和承运商以及终端用户一道为河道维护提供充分资助，使河道可以得到充分维护	继续	越南内地水路局	河道维护资金	集中在核心河道网
	码头	资助核心海港和河港	2013—2020	地方港务局	地方政府、越南政府、官方发展援助	只考虑公共基础设施（例如，能更好地进入内地）；由私营行业对上层设施进行投资
	船队	引进提高发动机效率的激励项目	2013—2020	越南政府	越南政府	和沿海航运以及内陆水运都相关
规划改革	引进多式联运规划（包括无水港）	为了更好地制定有效的多式规划，要确保不同管理部门之间的协调	2013—2014	交通部/运输局		
		实施展示项目以及成立推广委员会	2013—2020	越南政府/私营行业	政府和私营行业	可从欧洲找到推广委员会的先例（例如，欧洲多式联运委员会、各种国家组织）

续 表

干预类型/战略	战略组成部分	描述	实施时间	利益相关者职责	获得资助渠道	评论
	更合理推进港口规划进程，更新港口主计划	交通部要协调越南海事局和越南内地水路局之间的工作，并更新主计划	2012—2013	越南内地水路局/港务局		
资助战略	增加对内陆水运和沿海航运的拨款	确保对河道和港口的投资	2012—2020	运输部连同规划与投资部和财政部	越南政府、官方发展援助	
	通过 WMF 对河道维护进行拨款	通过将政府资助、征收燃油费、向用户征税（如运河费、注册费或者门面费）建立河道维护专项基金	从 2013 年开始	运输部、越南内地水路局和私营行业	越南政府和用户的使用费	和上面提到的河道维护相关
制度/规章改革	加强制定对港口管理的制度框架	在海港和河港引进房东原则，增强地方政府的角色（同亨格罗市进行对比）	从 2012 年开始	包括市政厅、地区、越南政府、运输部、私营行业和国际货币基金组织等所有利益相关者的共同努力	混合	
	统一对行业的认识	统一对河道运输行业发展的看法	2012—2013	越南内地水路局、越南航海局和运输部		
	改善市场准入的竞争环境和竞争	对所有企业一视同仁	从 2012 年开始	国有企业、越南政府和运输部	私营	
		对港口用户一视同仁	从 2012 年开始	越南政府、港务局		
	缩小市场寻租机会	加强对规章的设施程度，严惩玩忽职守	从 2012 年开始	越南政府	越南政府	

资料来源：Ecorys/世界银行分析。

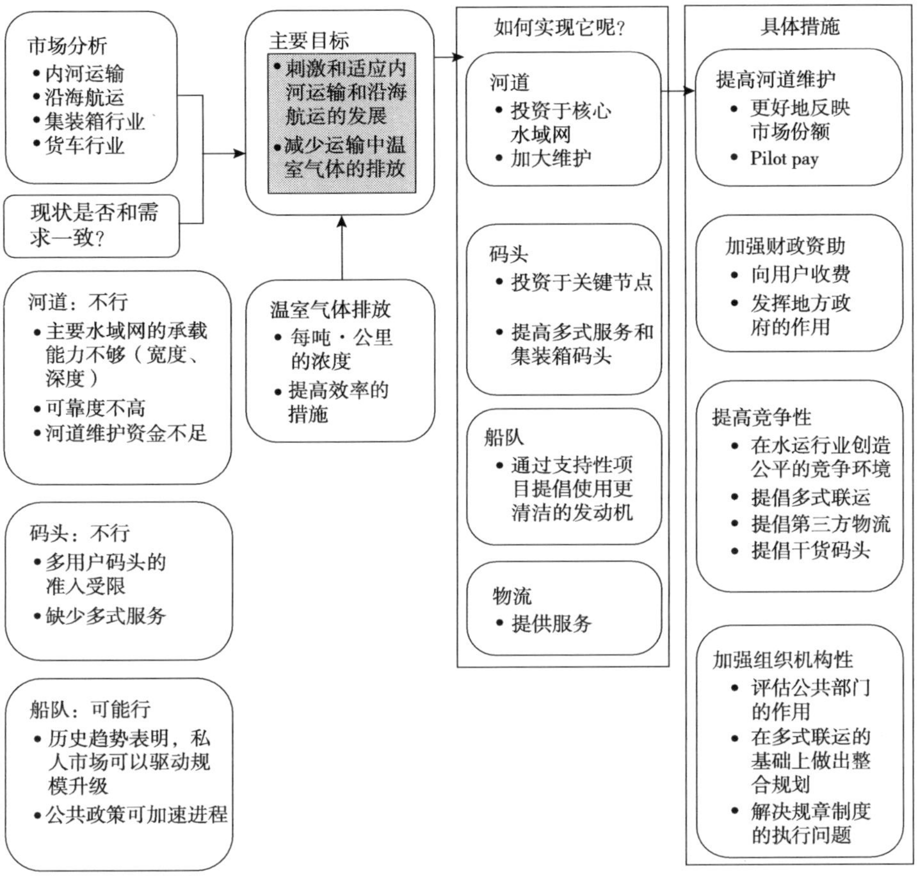

图 6.1　内陆水运和沿海航运战略示意图

资料来源：Ecorys/世界银行分析。

第七章　公共部门干预对内陆水运和沿海航运的影响

一、将内陆水运和沿海航运战略转化成可行的干预

前面章节的盘点存货已表明，越南内陆水运主要集中在南部和北部地区的主要河道和关键连接点，比例失衡。基于此，第六章建议政策制定者将有限的投资预算集中在有限的一些码头和河道网的关键河段。对运输量的长期预测显示，目前的主要河道会维持现状到2030年。对利益相关者的采访也证实了这一预测，采访涉及了货运量、路线、基础设施提供、船队和成本结构（见附录A的受访人员列表）。

基于以上的陈述，本章将探讨符合以下两个标准的基础设施投资：①属于核心河道或者港口网；②只会增加现存的或正在进行的投资（后者被认为是例行公事的一部分）。

除了基于基础设施的干预措施，也制定了其他能促进内陆水运和沿海航运的政策，这些政策主要涉及河道维护管理、发动机和船队现代化激励措施、改变用户意识和行为的激励，以及刺激更广泛使用沿海航运的措施。

表7.1概括了九个单独的干预措施（对每种干预措施的详细描述见附录E，各干预措施之间没有特别排序）。有必要评估不同干预措施的优越性，因为国际经验表明，内陆水运的成功通常需要采取多种方式，这是由于不同干预措施可以从不同角度同时提高行业竞争性。

表7.1　　建议的干预措施

序号	干预措施名称	干预措施总结	实施时间段	预计成本（美元）
1	红河三角洲走廊1升级	将走廊1从2类河道升级为1类河道	2016—2020	1.5亿~2.5亿
2	红河三角洲走廊2升级	将走廊2从3类河道升级为2类河道	2014—2016	1.5亿~3.0亿
3	红河三角洲走廊3升级	将走廊3从3类河道升级为2类河道	2013—2015	1.0亿~2.0亿

续　表

序号	干预措施名称	干预措施总结	实施时间段	预计成本（美元）
4	为红河三角洲延长的河道提供设施，用来服务河内的市场	在内河附近修一条内陆河道，增设货物处理设施，用来服务于往来海防和河内之间的集装箱流	2014	1000 万
5	湄公河三角洲走廊 1 升级	将走廊 1 从 3 类走廊升级为 2 类走廊	2013—2016	1.5 亿 ~2.5 亿
6	升级越南北部沿海航运的集装箱码头	对海防的集装箱码头进行现代化改造，用来服务于国内的集装箱运输	2014—2015	4000 万
7	向用户收费用来资助河道维护	向内陆水运运营商征税，用来弥补河道维护经费的不足	2014—	每吨·公里 0.0003（越南盾）
8	提升内陆水运的发动机和船队现代化	进行公共拨款用来改进发动机	2014[a]	2000 万
9	展示内陆水运作为有效物流的推动者	发起推广使用内陆水运的活动，展示这些项目来说明内陆水运的吸引力	2014—2023[a]	3000 万

注：a 或者直到资金到位。
资料来源：Ecorys/世界银行分析。

二、方法：将干预措施转化成影响

应评估建议的干预措施的优势。下面的两种模型是对干预措施进行经济评估的基础：

（1）运具分配模式。这种模型是将干预措施转化成运输份额影响，具体原理如下：对两种运输方式的选择——本例中是公路运输和水运，是根据这两种运输方式的具体特性确定的，而这通常又会根据始发地—目的地（Origin – Destination，O – D）的不同而发生变化。政策和基础设施干预也会影响运输方式的特性，这反过来又会影响货主对运输方式的选择。在本书中，最关键的运输特性被综合为每吨·公里的运输成本。由于为河道运输专门设计的干预措施，这些成本预计会加到河道运输上面，这也促使一些货主和物流决策者将他们的一部分货流从高成本运输方式（在本例中是公路运输）转移到低成本运输方式（在本例中是驳船运输或沿海运输）。鉴于综合运输成本会发生变化，运具分配模式估计由于不同运输方式的相对成本发生变化，物流的强度也会随之发生变化。当所有相关始发地—目的地组合都发生这种变化，这种模式实际上就会在公路运输和内陆水运/沿海运输之间形成新的份额。模型参数和独立变量的数据来自日本国际协力机构（2009）、行业知识和对越南交通运输业利益相关者的采访（对运具分配模式的具体描述详见附录 E）。

（2）成本—效益分析（CBA）。不论是由于运输方式的转变还是现有运输量的影响，这些干预措施都对更宏观的经济产生了影响。这必须和经济成本做比较，才能确定具体的干预措施是增加还是减少经济价值。比如，每吨・公里会根据公路运输和内陆水运、沿海运输的不同而发生变化，这会产生环境（比如，更少的排放量）、经济（比如，运输成本节约）和其他的社会效益（比如，公路上卡车更少，事故造成的伤亡率更小，公交拥堵得到缓解，噪声更少）。成本—效益分析法以运具分配模式的结果为起点，根据越南具体的参数来计算这些效益的价值。将这些效益和最初的投资成本做比较，就可以得到当前的净值，内部经济收益率，受益—成本率分析。图 7.1 列出了本书使用的两种分析工具之间的关系。

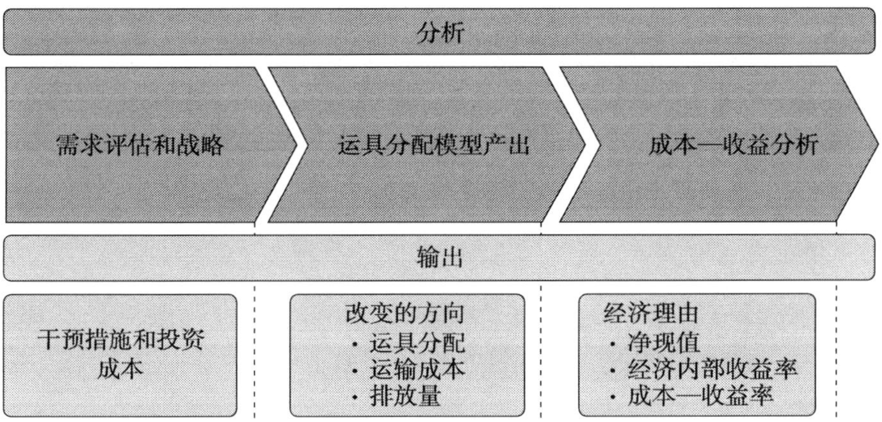

图 7.1　分析工具和评估结果

资料来源：Ecorys/世界银行分析。

三、运具分配模式和建议的干预措施的排放量影响

建议的政策和基础设施干预被转换成运具分配模式的初始值。表 7.2 根据长期的运输方式的转变（吨数和相对份额）和二氧化碳减排量总结了干预措施可能带来的影响（具体影响详见附录 F）。干预措施 9 没有在成本—收益分析模型里分析，而是在收支平衡分析框架内进行分析（见下面的评估）。运具分配模式的结果表明，建议的干预措施会造成轻微的运具转移影响。

评估干预措施 9 推进河道运输的发展。

这个干预项目和其他建议的干预项目都不同，因为这个干预项目不会提高内陆水运和沿海运输的效率或性能。反之，它旨在向众多的货主展示河道运输可以提供诱人的经济性。其他地方尤其是在欧洲，很多货主都不知道河道运输的好处，或者有这样的成见，认为河道运输本身没有优势，无法满足他们的运输需求（包括一般的看法，如河道慢、不灵活、不稳定、仅仅能及时运货，等等）。但是，在很多条航线上，就每吨的成本来说，即使是将额外的装卸货成本考虑在内，内陆水运也非常具有竞争性。

为了评估河道运输推广项目，预计要有 3000 万美元的预算，这项费用包括 1000 万美元的十年期推广费用（一年 100 万美元），200 万美元用来展示内陆水运优势的项目费用。为简单起见，全部 3000 万美元的预算在十年间每年拨出 300 万美元。

根据运具分配模式对所有走廊的内陆水运和公路运输成本得出的数据，内陆水运每吨·公里平均具有 0.17 美元的成本优势。这也意味着如果有 1800 万吨·公里的运输量从公路转移到内陆水运的话，这个推广项目会很吸引人（数字是根据每年 300 万美元的实施费用再除以估计的每吨·公里节约 0.17 美元运输成本得来的）。五大走廊的全部公路运输量接近 33 亿吨·公里，这也意味着如果公路运输向内陆水运只转移 0.5% 的话，为货主节约的运费就能说明推广项目是值得实施的。表 7.2 给出以基础设施为基础的干预措施带来的长期减排和各运输方式占有的份额。

表 7.2　　干预措施带来的长期减排和各运输方式所占的份额

序号	干预措施名称	内陆水运和沿海航运量的变化（吨/天）	增加的份额（%）	每天减少的二氧化碳吨数
1	红河三角洲走廊 1 升级	3623	0.6	414（11）
2	红河三角洲走廊 2 升级	1497	1.1	202（18）
3	红河三角洲走廊 3 升级	543	0.5	55（11）
4	为红河三角洲延长的河道提供设施，用来服务河内的市场	681	3.0	-0.7（-0.5）
5	湄公河三角洲走廊 1 升级	7167	1.8	785（18）
6	升级越南北部沿海航运的集装箱码头	2153	2.9	128（4.1）
7	向用户收费用来资助河道维护	225	0	159（1.5）
8	提升内陆水运的发动机和船队现代化	106	0	71（0.8）

资料来源：Ecorys/世界银行分析，详情见附录 F。

四、CBA 结果

通过运具分配模式计算的干预措施所造成的运输模式转换和环境影响随后被用作标准成本—收益框架的输入值。表 7.3 给出了每种干预措施的 CBA 结果（净现值、内部经济收益率、成本收益率）。经济可行的干预措施（指内部经济收益率达到或超过 10%）都用黑体标出了。附录 F 给出了做出这种分析的假设和具体的方法。表 7.4 是每种干预措施的经济收益情况的细分：运输成本节约、减排以及安全性改进。

表 7.3　　干预措施的成本—收益结果

序号	干预措施名称	实施时间段	经济成本（百万美元）	10% 的净现值（百万美元）	内部经济收益率（%）	成本收益率（%）
1	**红河三角洲走廊 1 升级**	**2016—2020**	**200**	**0.6**	**10**	**1.0**
2	红河三角洲走廊 2 升级	2014—2016	225	-83	6	0.5
3	红河三角洲走廊 3 升级	2013—2015	150	-102	2	0.2
4	为红河三角洲延长的河道提供设施，用来服务河内的市场	2014	10	-2.3	8	0.7
5	**湄公河三角洲走廊 1 升级**	**2013—2016**	**200**	**-209**	**16**	**2.3**
6	**升级越南北部沿海航运的集装箱码头**	**2014**	**40**	**22.7**	**13**	**1.7**
7	**向用户收费用来资助河道维护**	**从 2014 年开始**	**n. a.**	**32**	**n. a.**	**n. a.**
8	**提升内陆水运的发动机和船队现代化**	**从 2014 年开始**	**20**	**0.6**	**10**	**1.0**

注：n. a. 指不适用；经济上不可行的项目用黑体标出。

资料来源：Ecorys/世界银行分析。

表 7.4　　干预措施的经济收益

序号	干预措施名称	节约的运输成本（%）	减排率（%）	安全性的改进	到2030年内陆水运增加的份额（%）
1	**红河三角洲走廊1升级**	**75.5**	**27.1**	**0.4**	**0.6**
2	红河三角洲走廊2升级	76.1	23.5	0.4	1.1
3	红河三角洲走廊3升级	75.5	23.8	0.7	0.5
4	为红河三角洲延长的河道提供设施，用来服务河内的市场	99.6	−1.5	1.9	3.0
5	**湄公河三角洲走廊1升级**	**75.3**	**24.1**	**0.6**	**1.8**
6	**升级越南北部沿海航运的集装箱码头**	**71.7**	**26.8**	**1.4**	**2.9**
7	**向用户收费用来资助河道维护**	**33.9**	**65.4**	**0.8**	**0.0**
8	**提升内陆水运的发动机和船队现代化**	**31.8**	**68.1**	**0.1**	**0.0**

注：经济上不可行的项目用黑体标出。
资料来源：Ecorys/世界银行分析。

以下是根据运具分配模式和CBA结果得出的重要结论：

• 投资河道可以带来丰厚的经济回报，但这些在很大程度上依赖于未来的交通强度。

• 在越南两大三角洲水域网的主要内河走廊中，对湄公河三角洲走廊1进行升级改造（措施5）——包括长达29千米的Cho Gao运河，Cho Gao运河的运输问题是湄公河三角洲水域网最亟待解决的瓶颈问题，对基础设施的投资会带来最优厚的经济回报，也被视为重中之重的措施。对红河三角洲走廊1的升级改造（措施1）在经济上同样可行，只是比湄公河三角洲的经济回报率要略低。

• 对红河三角洲走廊2的升级（措施2）只有6%的内部经济回报率，从经济上看缺乏吸引力，但是考虑到其他标准，措施2还是值得越南政府实施的。比如，从水域网恢复性的角度看，当海洋环境变得对沿海航运不安全时，走廊2提供了一个关键的替代近海运输的南北航线。

• 对红河三角洲走廊3的升级（措施3），以及延伸河内附近的海防港口的集装箱装卸通道（措施4）产生的经济效益低于资本成本，尤其是对措施3来说更是如此。这主要是因为走廊3的整体运输量较低，延伸的通道处理的集装箱货运量也较低。

• 在市场机制作用下，从公路到河道转变的可能性是有限的（长期看为 1% ~ 3%）。这主要是因为水域网主要是东—西向的运输路线，极大地限制了运输距离。结果，越南河道的平均运距为 112 千米，而公路的平均运距为 143 千米，短于公路的平均运距。卡车在短途运输方面具有天然的灵活性，尤其是对集装箱运输来说，因为集装箱用驳船运输到码头后在码头还需要额外的装卸。对非大宗货物来说，北美和西欧的经验表明，只有河道运输的平均运距大于越南运输的平均运距时才有经济性可言。大宗商品，如建材、煤炭和化肥，占到了货运的 75%，主要是通过河道进行运输，未来通过卡车运输获得份额的空间不大。

• 在这种情况下，河道基础设施升级改造（如措施 1 ~6）的主要收益来自具体的运输模式（如内陆水运）的运输成本的降低以及效率的改进，大型船舶可以降低运输成本，也带来环境收益。对大部分的基础设施升级措施来说，25% ~30% 的经济收益来自减排，可持续的环境是这些措施具有经济可行性的一个关键考虑因素。长期的二氧化碳排放量会降低 18%。由于运距转化的幅度不大，预期的安全性收益也不大。

• 两个关键因素使得基础设施升级措施带来的减排量不能进一步降低：①运输工具从卡车向其他方式转变受到限制；②由于越南驳船平均规模小，不像在其他成熟市场（比如西欧），和公路运输相比，越南内陆水运的吨·公里的气体排放优势不是很明显。

• 即使运具转变规模不大，沿海航运项目（措施 6）造成的运具转变规模也会最大，这不足为奇，因为此走廊运距更长，所以公路运输和河道运输之间的竞争更开放。码头装卸货费用占到了海防市和胡志明市之间沿海航运费的大部分，这也说明升级海防市港口的集装箱装卸设施以此降低南北沿海航运的费用，从经济角度来说也是可行的。

• 值得注意的是，连接河内和海防之间的通道项目，即措施 4 预计会增加而非降低排放量。这是因为河内和海防之间的河道距离为 142 千米，比公路长，公路距离为 105 千米。由上面的分析可以看出，更长的运距最终会抵消由运输方式转变带来的排放量的降低。这也说明在考虑每种措施时要考虑运输政策、潜在供需和经济地理特征的复杂性。

• 从另一方面来说，不以改进基础设施为基础的措施（措施 7 和措施 8），其主要收益就是排放量的降低。维护费用会增加内陆水运成本，更好的通航河道所带来的收益会抵消增加的运输成本。同时，水域网得到改善后，使得运输公司在某些河段使用大型船舶，这会降低排放量，因为以前由于维护费用不足，有的河道终年无法通过大型船舶。就发动机现代化项目而言，新的发动机会比现有发动机的排放性能好得多，虽然提高燃油率会小幅度降低运输成本，但是更新的发动机所带来的更大的影响是每吨·公里排放量的降低。

• 更好的河道维护物有所值。那些负责河道维护方往往没有充分考虑维护费用不及时所带来的负面影响，很多费用就由社会承担了。从上面的分析可以看出，充分的河道维护费用所带来的大部分收益是排放量的降低，而不是用运输率或公共部门的收入来衡量，所以河道维护费用不足也就不足为奇了。但是上面的分析也指出，充足的河道维护费用除了具有减少排放量这样的社会效用，也会降低运输成本，因此抵消了维护费用。

对每种干预措施都做了敏感测试，来检测 CBA 结果的稳健性，并通过重新计算高成本情境和低成本情境的结果以及不同的利润实现率，检验了几种假设。结果见表 7.5。

表 7.5　　敏感度分析

序号	干预措施名称	10% 的净现值（百万美元）	内部经济收益率（%）	成本收益率（%）
1	红河三角洲走廊 1 升级	0.6	10.0	1.0
	投资成本增加 25%	-30.1	8.5	0.8
	投资成本减少 25%	31.3	12.2	1.4
	可实现的最大收益率定在 80%	-21.2	8.7	0.8
2	红河三角洲走廊 2 升级	-83.4	5.8	0.5
	投资成本增加 33%	-141.6	4.2	0.4
	投资成本减少 33%	-25.3	8.3	0.8
	可实现的最大收益率定在 120%	-66.2	6.9	0.6
3	红河三角洲走廊 3 升级	-101.9	1.6	0.2
	投资成本增加 33%	-145.2	0.3	0.2
	投资成本减少 33%	-58.7	33.6	0.3
	可实现的最大收益率定在 120%	-96.7	2.5	0.3
4	红河三角洲拓展河道	-2.3	8.4	0.7
	投资成本翻番	-11	5.2	0.4
	可实现的最大收益率定在 120%	-1.1	9.3	0.9
5	湄公河三角洲走廊 1 升级	208.6	15.7	2.3
	投资成本增加 25%	165.7	13.9	1.8
	投资成本减少 25%	251.5	18.1	3.1
	可实现的最大收益率定在 80%	138.5	14.1	1.8

续 表

序号	干预措施名称	10% 的净现值（百万美元）	内部经济收益率（%）	成本收益率（%）
6	开发沿海航运集装箱码头	22.7	13.2	1.7
	投资成本增加 25%	14.0	11.7	1.3
	装卸货费用只节约了 2.5%	-6.3	8.8	0.8
7	维护费用	31.6	n. a.	n. a.
	每吨·公里的收费从 6 越南盾提高到 10 越南盾	-2.6	n. a.	n. a.
	河道升级带来 5% 的收益	-9.9	n. a.	n. a.
8	发动机和船队的现代化	0.6	10.4	1.0
	投资成本提高 25%	-3.6	7.8	0.8
	装载量提高 50%	9.1	16.2	1.6

注：n. a. 指不适用。

资料来源：Ecorys/世界银行分析。

从敏感性测试可以得出如下结论：

- 如果投资成本高于预期，干预措施 1（红河三角洲走廊 1 的升级）低于内部收益率的 10%；如果投资成本低于预期，很明显，可行性很高。这说明慎重估算这些干预措施成本对决定这些干预措施的经济可行性至关重要（例如，通过进行详细的可行性分析研究找出和走廊对应的具体措施）。
- 在所有敏感性假设中，红河三角洲走廊 2 和 3 升级的经济回报率都低于 10%。在较低投资成本的模拟场景下，升级走廊 2 的经济回报率为 8.3，这是支持实施此项目的经济原因。
- 干预措施 4 在各种情形下都没有可行性，这说明更好的公路和铁路网络才是最有效的提升海防港口物流的方式。
- 干预措施 5（湄公河三角洲走廊 1 的升级）已被证实是经济性最好的基础设施改进工程。具体来说，即使建筑成本增加 25% 或者将收益减少到 80%，此项目依然在经济上可行。增加走廊 1 的运输量会带来巨大的收益。
- 在海防建立海运集装箱专用码头（干预措施 6）的经济可行性很高，会增加投资成本的 25%，但是对节约码头装卸货成本很敏感，未来需要对此谨慎评估。
- 收取维护费用（干预措施 7）对河道使用者来说很敏感。这也说明对河道使用者征收的费用需要和维护拨款短缺程度相匹配（这是基本情况），但是不能高于这个数额。
- 发动机的现代化项目（干预措施 8）对更高水平的投资很敏感。如果对参与的船舶征收更高的运费，可显著增强此项目的经济可行性。

五、结论

在内陆水运和沿海航运业，数量巨大的基础设施工程和以政策为基础的项目的CBA结果都是积极的。这也表明对湄公河三角洲走廊1的升级应该是越南国家内河网最重要最应优先实施的工程，增加海防沿海运输的集装箱装卸容量也是能带来丰厚经济回报、优先安排的工程。除了走廊1的项目，北部三角洲地区网的经济回报率相对来说不是很丰厚，因为这些走廊的当前和预期的货物运输量不足以产生足够的经济效益，来抵消与之相应的投资成本。

这些干预措施的主要经济影响是和内河/沿海航运特点相关——船体增大以及运营效率的提高会降低运输成本——而运输方式的转变所产生的影响相对来说就不大了。向用户征收的河道使用费和公共对发动机现代化的支持是提高河道通航能力的有效政策措施。

参考文献

JICA（Japan International Cooperation Agency）. 2009. The Comprehensive Study on the Sustainable Development of Transport System in Vietnam（VITRANSS－2）. Hanoi：JICA.

附录A　受访的利益相关者名单

受访的私营领域的利益相关者（2010—2012 年）

ANC Co. , Ltd. , international forwarding and logistics, Ms. Doan Thi Bich Thuy, Finance and Administrative Division, and Ms. Bui Ngoc Thuy Tien, Transport Division.

Bao Tin Shipbuilding Company Ltd. , shipbuilding, Mr. Ho Tuan Chi, Deputy Director.

Binh Minh JSC/Sunrise Shipping and Trading JSC, IWT, marine shipping and freight forwarding, Mr. Truong Manh Hung, General Director; Mr. Le Huy Hoang, Marketing Department; Mr. Tu, Director; and Mr. Hoang, Operations Manager.

Dai Viet Company Ltd. , shipping and freight forwarding, Mr. Nguyen Van Truong, Trading Deputy Director.

Hanoi Transport Corporation (Transerco), transport operator, Mr. Truonng, Deputy Director; Ms. Huong, Chief Administrator; and Mr. Nam, Manager.

International Labour and Services Stock Company (INLACO), transport operator, Mr. Nguyen Ba Hai, Shipping Department.

Nhat Hai Dang JSC (Lighthouse), ocean shipping company, Mr. Nguyen Ba Hai, Deputy Director.

PETROLIMEX Joint Stock Tankers (PJTACO), petroleum tankers, oil import/export, Mr. Lam Duc Qui, Vice Manager of Marine Department, and Mr. Pham Van Toan, Manager of River Department.

Quang Dung Company Ltd. , IWT shipping company, Mr. Tran Van Khoi, Director.

Sai Gon Shipbuilding and Marine Industries (SHIPMARINE), shipbuilding company under Vinashin, Mr. Le Van Giang, Trading and Planning Manager.

Schenker Vietnam, international freight forwarder, Ms. Doan Thi Diem Hang, Ocean Freight Manager.

Shiptranco, container shipping company under Shipmarin, Vinashin, Ms. Le Thu Hien, Deputy Director.

Song Sinh Company Ltd. (SIFFCO), logistics company in coastal transport, Mr. Le Hung, Director.

Song Thanh Company, multimodal transportation company and freight forwarder, Ms. Nguyen Thu Hang.

Truong Giang Shipping Company, Mr. Truong, Director, and Mr. Xuan, Worldwide Broker.

Vietnam Freight Forwarders Association (VIFFAS), trade association with members in freight forwarding, logistics, warehousing, transport, and customs brokerage services, Mr. Nguyen Hung, Chief of Secretariat.

Multimodal Transport Holding Company (VIETRANSTIMEX), major heavy equipment transportation services provider, Mr. Tran Nguyen Giap, Vice Director, and Mr. Bui Ngoc Dung, Sales Manager.

Vinalink Logistics, third-party logistics service provider, Mr. Dinh Quang Ngoc, Director.

受访的私营领域的利益相关者（2010—2012 年）

Hanoi Port, state-owned port, Mr. Pham Ngoc Dich, Hanoi Port Director and Vice Director of Northern Inland Waterway Transportation Corporation.

Ministry of Transport (*MoT*), Ms. Hang, Deputy Director Planning and Investment Department; Ms. Hong Anh, Planning and Investment Department; Mr. Bang, Department of Transportation; Mr. Thanh, Department of Environment; Ms. Thanh, Project Management Unit.

Northern Waterway Transportation Corporation (*NWTC*), state-owned enterprise in waterway transport, mechanical equipment production, and port services, Mr. Le Khanh Bong, Vice Director, and Mr. Nguyen Van Son, Sales Manager.

Transport Development and Strategy Institute (*TDSI*), Mr. Viet and Mr. Cuong.

Vietnam Inland Waterway Administration (*VIWA*), policy and planning agency under the Ministry of Transport, Mr. Tran Van Cuu, Deputy Director; Mr. Toan, Deputy Director; Mr. Vu Manh Hung, Director of Science, Technology, International Cooperation and Environmental Department; Mr. Doanh, Science, Technology International Cooperation and Environmental Department; Mr. Thong, Project Management Unit; Ms. Thanh, Project Management Unit; Mr. Hoang Van Hung, Director of VIWA in the South; Mr. Dong Huu Phong, Deputy Director of VIWA in the South; and Mr. Sang, Manager, Technical Department of VIWA in the South.

Vietnam Maritime Administration (*Vinamarine*), policy and planning agency under the Ministry of Transport, Mr. Pham Hung Toan, Vice Director of Service Transportation Department; Mr. Do Hung Cuong, Service Transportation Department; Ms. Thuong, Service Transportation Department; and Mr. Khuc Truong Minh, Department of International Relations.

Vietnam National Shipping Lines (*Vinalines*), state-owned enterprise involved in ocean-going and coastal shipping services (14 shipping companies), port and terminal operations (18 port and terminal companies), and marine services (43 companies), Mr, Le Ahn Son, Vice President; Mr, Le Quang Trung, Deputy Director of Logistics and Business Development Department Mr. Dung, Logistics; Mr. Cuong, Logistics; Mr. Ha, Port Department; and Mr. Long, Business and International Cooperation Department.

Vietnam Railways, Mr. Tuyen, Manager of Business and Transport Department, and Mr. Nguyen Manh Hien, International Cooperation Department.

Vietnam Register, nonprofit state body for the promotion of safety and environmental protection across all transport modes, Mr. Pham Hai Bang, Vice Director of Seagoing Ship Classification and Register Department, and Mr. Do Trung Hoc, Director of River Going Ship Classification and Register Department.

附录 B 南部地区和北部地区的主要河道

表 B.1 北部地区的主要河道

路线		地点		长度（千米）	关键尺寸			障碍	河床	导航设施	疏浚工作
从	到	河流/运河	省份		深度（米）	宽度（米）	半径（米）				
Cua Day	宁平	Day River	宁平	72.0	2.4	40	350	—	S	B	+
沥河	河内	Hong River，Ninh Co River	河内、兴安、太平、南定	186.5	2.4	40	—	B	S	B	+
广宁（运河）	宁平	Ba Mom Channel，Cai Trap Channel，Bach Dang River，Dao River，Lach Tray River，Van Uc River，Xhe Canal，Luoc River，Hong River，Day River	广宁、海防、太平、海阳、南定、宁平	251.2	1.5	30	—	B	S	B	+
广宁（Lach Tray）	宁平	—	—	—	—	—	—	—	—	—	—
海防	河内	Cam River，Han River，Kinh Thay，Thay Binh River，Duong River，Hong River	海防、海阳、北宁、河内	150.5	1.5	30	—	B	S	B	+

续 表

路线		地点		长度（千米）	关键尺寸			障碍	河床	导航设施	疏浚工作
从	到	河流/运河	省份		深度（米）	宽度（米）	半径（米）				
海防	河内	Cam River, Kinh Mon River, Kinh Thay, Thai Binh River, Duong River, Hong River	海防、海阳、北宁、河内	152.0	1.5	30	—	B	S	B	+
广宁	Pha Lai	Ba Mom Channel, Chang River, Da Bach River, Phi Liet River, Kinh Thay River, Thai Binh River	广宁、海阳	127.5	1.5	30	—	B	S	B	—
河内（越池）		Hong River, Thao River		360.2	<1	30	300	B	S/R	—	—
Hong Da Confluence	Hoa Binh Port	Da River	河内、河西、富寿、安沛、老街	53.0	2.0	30	—	—	S/R	—	—
越池	Tuyen Quang	Lo River	和平	106.0	1.2	30	—	—	S/R	—	—
普莱	Da Phuc	Cau River, Cong River	北宁、北江、太原	88.0	1.4	20	—	—	S	—	—
普莱	A Lu	Thoung River	北江	33.0	1.5	30	180	—	S	—	—
宁平	Thanh Hoa	—	—	72.0	—	—	—	—	—	—	—

注：“+”指从2002年到2005年的疏浚工作；“—”指不可得。
资料来源：日本国际协力机构，2009年。

表 B. 2　南部地区的主要河道

路线			地点（河流/运河）	长度（千米）	关键尺寸			障碍
从	到	途径			深度（米）	宽度（米）	半径（米）	
Cua Tien	Hong Ngu	—	Tien River	227. 0	4. 0	90	—	—
定安支流	Tan Chau	—	Hau River	235. 0	—	3	80	B
西贡	Ca Mau	Xa No Canal	Doi Canal，Ong Lon Canal，Cay Kho Canal，Can Giuoc River，Nuoc Man Canal，Vam Co River，Rach La Canal，Cho Gao Canal，Ky Hon Canal，Tien River，Cho Lach Canal，Co Chien Canal，Mang Hhit River，Tra On Canal，Hau River，Can Tho Canal，Xa No Canal，Cai Nhat Canal，Cai Tu Canal，Tat Cay Tram Canal，Nga Ba Dinh Canal，Trem River，Ong Doc River，Tat The River，Ganh Hao River	341. 0	2. 7	20	—	B
西贡	Xien Luong	陆武运河	Doi Canal，Ong Lon Canal，Cay Kho Canal，Can Giuoc River，Nuoc Man Canal，Vam Co River，Rach La Canal，Cho Gao Canal，Ky Hon Canal，Tien River，Sa Dac Canal，Lap Vo Canal，Hau River，Rach Soi Canal，(Hau Giang)，Vanh Dai Cana，Rach Gia Canal（Ha Tien），Ba Hon Canal	319. 0	2. 2	22	—	—
西贡	Ben Suc	西贡河	Sai Gon River	132. 5	1. 0	35	250	B
西贡	Ben Keo	Vam Co Dong River	Sai Gon River，Nha Be River，Soai Rap River，Can Giouc River，Nuoc Man Canal，Vam Co River，Vam Co Dong River	154. 7	6. 1	80	205	B
西贡	Moc Hoa	Vam Co Tay River	Sai Gon River，Nha Be River，Soai Rap River，Can Giouc River，Nuoc Man Canal，Vam Co River，Vam Co Tay River	129. 7	3. 7	80	250	B

续 表

路线			地点（河流/运河）	长度（千米）	关键尺寸			障碍
从	到	途径			深度（米）	宽度（米）	半径（米）	
西贡	Ca Mau	Coastal	—	380.4	1.0	16	—	B
西贡	建龙	Dong Thap Muoi Province	Te Ca. Dou Canal，Ben Luc River，Vam Co Dong River，Thu Thua Canal，Vam Co Tay River，Thap Muoi Canal，Lagrange Canal，Dong Tien Canal，Tien River，Vam Nao River，Hau River，Tri Ton Canal（Hau Giang）Rach Gia Canal（Ha Tien）	337.2	1.9	20	—	B
Moc Hoa	和建	—	Vam Co Tay River，Hong Ngu-Vinh Hung Channel，Vinh An Channel，Vinh Te Canal	183.5	—	—	—	—
西贡	Hieu Liem	同奈河	Dong Nai River，Sai Gon River	98.8	0.6	18	220	B
Phouc Xuyen Canal	Canal 28	—	Phouc Xuyen Canal 4 Bis，Tu Moi Canal 28	91.5	1.2	20	—	—
Rach Gia	Ca Mau	—		91.4	1.3	30	400	B
湄公河	Vung Tau，Thi Vai	A		60.5	1.6	40	150	B
湄公河	Ving Tau，Thi Vai	B		58.2	—	—	—	—

注：A 指障碍；B 指桥梁；“—”指不可得。

资料来源：日本国际协力机构，2009 年。

参考文献

JICA（Japan International Cooperation Agency）. 2009. The Comprehensive Study on the Sustainable Development of Transport System in Vietnam（VITRANSS－2）. Hanoi：JICA.

附录C　对全国内陆水运船只装载量增加的一般看法

一、增加长度

船只的三个参数——长度、宽度和深度，在不考虑改进航道的情况下，增加船只装载量最可行、最有效的做法是增加船只长度。增加船只长度有两种做法：①建造新的更长的船只；②在原船的基础上增加一部分。不管采取哪种增加长度的方法，必须注意纵向强度，纵向强度通常取决于长度和吃水深度的比例，这个比例应该不超过 20 ~ 25，这取决于装卸方式（是一次性装卸还是分批装卸）。

一般情况下，正在使用的船只已经达到了长度极限（这不是由航道的船闸决定的），要想采用上述增加船只长度的方法，就只能增加船只的可操作性，这样更长的船只也可以应付急流转弯。另一个有效而且差不多总是可行的做法就是在现存的自航船上安装驳船，这样可以增加一些推力，因为水力性能大幅提高。

二、增加宽度

一般只有造新船时才会考虑增加船只宽度，因为船只宽度主要受到民用建筑和航道底宽的限制。如果没有这些限制，船宽几乎没有限制。比如，在西欧，船宽传统上是由船只要通过的船闸的宽度决定的，一般为 6 ~ 10 米。在莱茵河航行的第一批推驳船的宽度为 9. 5 米，但是船宽很快就增加到 11. 4 米，因为船只依然能通过支流 12 米宽的船闸。对于不需要通过船闸和运河的船只来说，船宽可以达到 16 米，甚至是标准驳船的两倍宽，可以达到 24 米，当然这些都是特例。一般情况下，双船宽是将两只标准驳船并排绑在一起，如果航道不允许通航，就将绑在一起的两只船松开，然后一只一只地通过。这样做的弊端就是水力性能打折扣。

三、增加吃水深度

对现有船只来说，将干舷最小化可增加船只吃水深度，但是这样会降低航行的安全性。考虑到某些规则，在有掩护的水域，航行的干舷会被降为零。这样需要将水密舱口盖以及开口向船舱打开，同时保证水密舱口盖在一定的高度。

更重要的是，航道（在低潮期）的深度能否允许船只这样做。除了确保通航安全的强制性最大吃水深度，要保护船闸槛，降低由螺旋桨造成的侵蚀，船底阻力也会增加，这会消耗更多的能量，这样使得船舶装载能力极大地下降，并增加船舶的燃料成本。

四、水力影响

船只的长度和吃水深度的比例决定了船只遇到的阻力，这个比例越大，推进就越有效率。换句话说，就燃料使用效率来说，船只越长，载重越多，越有效率。船只越宽，情况则相反。

当两只宽的驳船一前一后串联航行时，船只的长度和吃水深度值突然就会增加一倍，当更多的驳船排成一排时，这个值会更大。这也是为什么能在湄公河三角洲的河道里看到一群小型驳船连成长蛇状，只由一只较小的拖船驱动。

增加船只吃水深度，船底阻力的决定因素一般有水域宽度和船宽的比例、富裕水深、阻塞系数和装机功率。应该注意的是，在某些情况下，不管装机功率多大，船速都不快，比如在很窄的河道里航行（阻塞系数高），富裕水深低的情况下。因此，在这种情况下，增加船宽并不能有效地提高船舶的装载量。

附录 D　货物数据和运具分配模式

一、VITRANSS－2 数据集结构

本报告使用的物流信息来自日本国际协力机构（2009），这是一份被称为 VITRANSS－2 的综合交通运输研究。数据中货物在 64 个省份运输，可以细分为 13 类商品类型和 5 种运输方式（公路、铁路、内陆水运、沿海航运和空运），基准年为 2008 年，目标年为 2020 年和 2030 年。

详细的 2008 年和 2030 年物流的数据表可以从交通运输部的交通发展和战略研究所获得。2020 年的数据只能通过累加的方式获得，在 VITRANSS－2 上发表过。2008 年和 2030 年的数据分为两个表格，一张是根据货物类型做出的 64 省物流数据表，另一张是根据运输方式做出的 64 省物流数据表。本研究没有既有货物类型又有运输方式的物流表格。因此，运具分配模式不能区分货物类型。

VITRANSS－2 物流数据是以 2008 年进行的每天的交通量调查为基础得出的。沿海航运的国内货运量无法通过统计交通量获得，因为无法区分是国际运输航线中的停留还是仅仅是国内货物运输。因此，根据 2007 年的沿海集装箱运输中的船舶数据，又采取了另一种方法。这些数据是从越南国家航运公司获得的。

（一）参考情境

对所有分析来说，“一切照旧”是比较的基础。“一切照旧”意味着正在进行的工作会完成，但不会采取额外的措施。

最重要的是，在没有新政策和干预措施的情况下，可以反映所有交通部门的发展。比如，因为公路运输的激增，货运卡车和汽车就会为同样的基础设施能力而竞争，这有可能会导致交通堵塞，温室气体排放量和当地污染物的增加，破坏路面，这就需要额外的路面维护费用。此研究不能反映按照运输方式划分的未来物流的发展情况。此报告用 VITRANSS－2 里列出的参考情境数据（见参考资料 D. 1）。

补充材料 D. 1

VITRANSS－2 情境

VITRANSS－2 以 2008 年作为基准年，预测了 2010 年、2020 年、2030 年的货运交

通量。从全国人口与家庭计划委员会得到了全国人口增长率，并且考虑了每个地区的发展方向。越南在2005—2010年间的人口增长率为1.4%，2010—2020年间的人口增长率为1.3%，2020—2030年间的人口增长率为1.2%。城市人口增长会更快，2005—2010年增长率为4.1%，2010—2020年为3.6%，2020—2030年为3.0%。到2030年的GDP增长有三种假设情况，高增长率，平均年增长率为7.2%；中增长率，平均年增长率为6.4%；低增长率，平均年增长率为5.6%。本研究对货物运输量只进行了一种详细的分析，这种分析正好应对GDP的中增长率。VITRANSS－2按照运输方式设定了三种对交通需求预测所做的政策情境。

（1）“什么都不做”情境，这个情境适用2008年运输网；

（2）情境1，铁路网得到改进（时速达到100千米），所有计划中的高速公路也都竣工，胡志明公路除外；

（3）情境2，在情境1的基础上加上高速铁路时速达到300千米。因为这项投资仅牵涉客运，所以与本研究无关。

本报告使用VITRANSS－2“什么都不做”作为基线情景。

资料来源：日本国际协力机构2009年和Ecorys/世界银行分析。

在此报告“什么都不做”的情境中，如下可适用：

（1）北部三角洲地区交通发展项目中的所有正在进行的工作都要在2015年年中竣工，北部地区走廊1升级到2类；

（2）湄公河三角洲地区交通基础设施发展项目中所有正在进行的工作都要在2013年竣工，南部走廊2和3升级为3类。

换句话说，所有正在进行的内陆水运项目都应该完工，不会有后续项目。

“什么都不做”情境反映了2008年的交通网以及上面提到的两个走廊升级。说到河道维护，现在的河道维护费用不足（现在的维护费用只能覆盖60%的维护），估计未来的河道维护费用会维持在现有水平。扩大河道承载能力的费用会和目前的河道维护费用差不多，因为改善河道维护状况和河道升级是不同的项目（参见附录E）。

（二）主要水运地区的货流发展情况

本书使用日本国际协力机构（2009）提供的按货物类型和运输方式划分的货流预测，2008年为基准年，2020年和2030年为目标年。本书提供了2008年和2030年详细的物流数据，包括13种货物种类、4种运输方式（航空运输除外）以及64个省份。表D.1～表D.22列出了详细的VITRANSS－2物流数据。

二、VITRANSS－2 数据库的货物数据和其他数据

表 D.1 VITRANSS 区域：越南的省份

河内	河南	安沛	山罗	岘港	大叻	同奈	同塔
永富	南定	太原	华平	广南	多农	巴地投顿	安江
贝宁	宁平	龙山	清化	广义	林同	胡志明市	建江
河西	河江	广宁	义安	平定	宁顺	隆安	芹苴
海阳	高平	北江	河静	富安	平顺	前江	后江
海防	北江	富寿	广平	庆和	平福	槟椥	朔庄
兴安	宣光	奠边府	广治	昆嵩	西宁	茶荣	薄辽
太平	老街	莱州	顺化	嘉莱	平阳	永隆	金瓯

资料来源：日本国际协力机构，2009 年。

表 D.2 VITRANSS－2 商品种类

大米	蔗糖	木材	钢材	建材	水泥	肥料	煤炭	石油	经济作物	加工商品	渔业产品	肉类和其他

资料来源：日本国际协力机构，2009 年。

点对点距离

表 D.3 从北方和南方省份通往北方省份的公路距离　　单位：千米

目的地		目的地 1	2	3	4	5	6	7	8	9	10	11	12	13	14	15	16	17	18
		河内	永富	贝宁	河西	海阳	海防	兴安	太平	河南	南定	宁平	北江	宣光	安沛	广宁	北江	富寿	华平
1	河内	n. a.	43	23	5	54	105	56	108	66	95	98	148	127	152	137	45	65	66
2	永富	43	n. a.	56	48	98	149	99	151	106	135	138	120	84	115	170	79	22	77
3	贝宁	23	56	n. a.	28	60	107	66	119	87	116	119	141	140	171	118	22	78	88
4	河西	5	48	28	n. a.	59	110	60	112	61	91	93	153	132	157	142	50	70	63
5	海阳	54	98	60	59	n. a.	51	64	91	77	107	109	187	181	207	97	58	120	120
6	海防	105	149	107	110	51	n. a.	108	77	125	103	119	235	232	258	55	106	171	171
7	兴安	56	99	66	60	64	108	n. a.	52	30	60	63	195	183	208	154	89	121	111
8	太平	108	151	119	112	91	77	52	n. a.	52	26	53	247	235	260	124	141	173	156
9	河南	66	106	87	61	77	125	30	52	n. a.	30	32	213	189	213	171	109	127	104
10	南定	95	135	116	91	107	103	60	26	30	n. a.	31	243	219	243	149	139	157	134
11	宁平	98	138	119	93	110	119	63	53	32	31	n. a.	246	222	245	165	141	160	134
12	北江	148	120	141	153	187	235	195	247	213	243	246	n. a.	149	211	245	141	142	196
13	宣光	127	84	140	132	181	232	183	235	189	219	222	149	n. a.	62	252	147	78	158
14	安沛	152	115	171	157	207	258	208	260	213	243	245	211	62	n. a.	285	193	93	169
15	广宁	137	170	118	142	97	54	154	123	171	149	165	245	251	285	n. a.	117	192	203
16	北江	45	79	22	50	58	106	89	141	109	139	141	141	147	193	117	n. a.	100	111

续 表

目的地		目的地																	
		1	2	3	4	5	6	7	8	9	10	11	12	13	14	15	16	17	18
		河内	永富	贝宁	河西	海阳	海防	兴安	太平	河南	南定	宁平	北江	宣光	安沛	广宁	北江	富寿	华平
17	富寿	65	22	78	70	120	170	121	173	127	157	160	142	78	93	192	100	n. a.	89
18	华平	66	77	88	63	120	171	111	156	104	134	134	196	158	169	203	111	89	n. a.
19	平阳	1572	1612	1593	1567	1584	1593	1537	1527	1507	1506	1474	1720	1696	1719	1639	1616	1634	1579
20	同奈	1598	1638	1619	1593	1609	1618	1563	1553	1532	1531	1500	1745	1722	1745	1664	1641	1660	1605
21	巴地头顿	1647	1687	1668	1642	1659	1668	1612	1603	1582	1581	1549	1795	1771	1795	1714	1691	1709	1654
22	胡志明市	1589	1629	1610	1584	1600	1609	1553	1544	1523	1522	1491	1736	1712	1736	1655	1632	1650	1596
23	隆安	1644	1684	1665	1639	1655	1664	1608	1599	1578	1577	1546	1791	1767	1791	1710	1687	1706	1651
24	前江	1668	1708	1689	1663	1679	1688	1632	1623	1602	1601	1570	1815	1791	1815	1734	1711	1729	1675
25	槟椥	1680	1720	1701	1675	1692	1701	1645	1635	1615	1614	1582	1828	1804	1827	1747	1724	1742	1687
26	茶荣	1733	1773	1754	1728	1745	1754	1698	1689	1668	1667	1635	1881	1857	1881	1800	1777	1795	1740
27	永隆	1706	1746	1727	1701	1717	1726	1670	1661	1640	1639	1608	1853	1829	1853	1772	1749	1768	1713
28	同塔	1735	1775	1756	1730	1746	1755	1699	1690	1669	1668	1637	1882	1858	1882	1801	1778	1797	1742
29	安江/建江	1795	1835	1817	1791	1807	1816	1760	1751	1730	1729	1697	1943	1919	1943	1862	1839	1857	1802
30	芹苴	1742	1782	1763	1737	1753	1762	1706	1697	1676	1675	1644	1889	1865	1889	1808	1785	1803	1749
31	后江	1800	1840	1821	1795	1812	1821	1765	1756	1735	1734	1702	1948	1924	1948	1867	1844	1862	1807
32	朔庄	1789	1829	1810	1784	1800	1809	1753	1744	1723	1722	1691	1936	1912	1936	1855	1832	1850	1796
33	薄辽/金瓯	1837	1877	1858	1832	1848	1858	1802	1792	1771	1770	1739	1985	1961	1984	1903	1880	1899	1844

注：n. a. 指不适用。

资料来源：日本国际协力机构，2009 年。

表 D.4　　从北方和南方省份通往南方省份的公路距离　　单位：千米

目的地		目的地														
		1	2	3	4	5	6	7	8	9	10	11	12	13	14	15
		平阳	同奈	巴地头顿	胡志明	隆安	前江	槟椥	茶荣	永隆	同塔	安江/建江	芹苴	后江	朔庄	薄辽
1	河内	1572	1598	1648	1589	1644	1668	1680	1733	1706	1735	1795	1742	1800	1789	1837
2	永富	1612	1638	1687	1629	1684	1708	1720	1773	1746	1775	1835	1782	1840	1829	1877
3	贝宁	1593	1619	1668	1610	1665	1689	1701	1754	1727	1756	1817	1763	1821	1810	1858
4	河西	1567	1593	1642	1584	1639	1663	1675	1728	1701	1730	1791	1737	1795	1784	1832
5	海阳	1584	1609	1659	1600	1655	1679	1692	1745	1717	1746	1807	1753	1812	1800	1848
6	海防	1593	1618	1668	1609	1664	1688	1707	1754	1726	1755	1816	1762	1821	1809	1858
7	兴安	1537	1563	1612	1553	1608	1632	1645	1698	1670	1699	1760	1706	1765	1753	1802
8	太平	1527	1553	1603	1544	1599	1623	1635	1689	1661	1690	1751	1697	1756	1744	1792
9	河南	1507	1532	1582	1523	1578	1602	1615	1668	1640	1669	1730	1676	1735	1723	1771
10	南定	1506	1531	1581	1522	1577	1601	1614	1667	1639	1668	1729	1675	1734	1722	1770
11	宁平	1474	1500	1549	1491	1546	1570	1582	1635	1608	1637	1697	1644	1702	1691	1739
12	北江	1720	1745	1795	1736	1791	1815	1828	1881	1853	1882	1943	1889	1948	1936	1985
13	宣光	1696	1722	1771	1712	1767	1791	1804	1857	1829	1858	1919	1865	1924	1912	1961
14	安沛	1719	1745	1795	1736	1791	1815	1827	1881	1853	1882	1943	1889	1948	1936	198
15	广宁	1639	1664	1714	1655	1710	1734	1747	1800	1772	1801	1862	1808	1867	1855	1903
16	北江	1616	1641	1691	1632	1687	1711	1724	1777	1749	1778	1839	1785	1844	1832	1880
17	富寿	1634	1660	1709	1650	1706	1729	1742	1795	1768	1797	1857	1803	1862	1850	1899

续 表

	目的地	目的地														
		1	2	3	4	5	6	7	8	9	10	11	12	13	14	15
		平阳	同奈	巴地头顿	胡志明	隆安	前江	槟椥	茶荣	永隆	同塔	安江/建江	芹苴	后江	朔庄	薄辽
18	华平	1579	1605	1654	1596	1651	1675	1684	1740	1713	1742	1802	1749	1807	1796	1844
19	平阳	n. a.	30	102	20	75	99	112	165	142	171	232	173	232	220	268
20	同奈	30	n. a.	84	16	71	95	108	161	140	169	229	169	228	216	265
21	巴地头顿	102	84	n. a.	82	127	151	164	217	198	230	288	225	284	272	320
22	胡志明市	20	16	82	n. a.	55	79	92	145	123	152	213	153	212	200	248
23	隆安	75	71	127		n. a.	27	40	93	74	111	163	101	160	148	196
24	前江	99	95	151		27	n. a.	13	66	47	89	137	74	133	121	169
25	槟椥	112	108	164		40	13	n. a.	53	34	76	124	61	120	108	157
26	茶荣	165	161	217		93	66	53	n. a.	58	100	148	85	144	63	111
27	永隆	142	140	198		74	47	34	58	n. a.	42	90	39	98	100	148
28	同塔	171	169	230		111	89	76	100	42	n. a.	131	81	140	142	190
29	安江/建江	232	229	288		163	137	124	148	90	131	n. a.	86	86	88	133
30	芹苴	173	169	225		101	74	61	85	39	81	86	n. a.	59	61	109
31	后江	232	228	284		160	133	120	144	98	140	88	59	n. a.	89	138
32	朔庄	220	216	272		148	121	108	63	100	142	133	61	89	n. a.	48
33	薄辽/金瓯	268	265	320		196	169	157	111	148	190	141	109	138	48	n. a.

注：n. a. 指不适用。

资料来源：日本国际协力机构，2009 年。

内陆水运距离

表 D.5　　北方各省内陆水运的距离　　单位：千米

目的地		目的地																	
		1	2	3	4	5	6	7	8	9	10	11	12	13	14	15	16	17	18
		河内	永富	贝宁	河西	海阳	海防	兴安	太平	河南	南定	宁平	北江	宣光	安沛	广宁	北江	富寿	华平
1	河内	n. a.	44	111	—	105	142	55	108	55	95	150	—	—	—	182	—	72	—
2	永富	44	n. a.	133	—	127	164	—	—	—	—	—	—	—	—	204	—	28	—
3	贝宁	111	133	n. a.	—	70	105	—	—	—	—	—	—	—	—	147	—	161	
4	河西	—	—	—	n. a.	—	—	—	—	—	—	—	—	—	—	—	—	—	—
5	海阳	105	127	70	—	n. a.	101	—	—	—	—	—	—	—	—	141	—	155	—
6	海防	142	164	105	—		n. a.	—	180	149	167	222	—	—	—	40	—	192	—
7	兴安	55	—	—	—	—	—	n. a.	53	—	40	95	—	—	—	—	—	—	—
8	太平	108	—	—	—	—	180	53	n. a.	53	43	98	—	—	—	220	—	—	—
9	河南	55	—	—	—	—	149	—	53	n. a.	40	95	—	—	—	189	—	—	—
10	南定	95	—	—	—	—	167	40	43	40	n. a.	55	—	—	—	207	—	—	—
11	宁平	150	—	—	—	—	222	95	98	95	55	n. a.	—	—	—	262	—	—	—
12	北江	—	—	—	—	—	—	—	—	—	—	—	n. a.	—	—	—	—	—	—
13	宣光	—	—	—	—	—	—	—	—	—	—	—	—	n. a.	—	—	—	—	—
14	安沛	—	—	—	—	—	—	—	—	—	—	—	—	—	n. a.	—	—	—	—
15	广宁	182	204	147	—	141	40	—	220	189	207	262	—	—	—	n. a.	—	232	—
16	北江	—	—	—	—	—	—	—	—	—	—	—	—	—	—	—	n. a.	—	—
17	富寿	72	28	161	—	155	192	—	—	—	—	—	—	—	—	—	—	n. a.	—
18	华平	—	—	—	—	—	—	—	—	—	—	—	—	—	—	—	—	—	n. a.

注：“—”指不可得；n. a. 指不适用。

资料来源：日本国际协力机构，2009 年。

表 D. 6　南方各省内陆水运的距离　　单位：千米

目的地		1	2	3	4	5	6	7	8	9	10	11	12	13	14	15
		平阳	同奈	巴地头顿 Tau	胡志明	隆安	前江	槟椥	茶荣	永隆	同塔	安江/建江	芹苴	后江	朔庄	薄辽
1	平阳	n. a.	—	—	—	—	—	—	—	—	—	—	—	—	—	—
2	同奈	—	n. a.	—	—	—	—	—	—	—	—	—	—	—	—	—
3	巴地头顿	—	—	n. a.		—	—	—	—	—	—	—	—	—	—	—
4	胡志明市	—	—	—	n. a.	—	85	102	146	143	201	218	193	225	221	277
5	隆安	—	—	—	—	n. a.	—	—	—	—	—	—	—	—	—	—
6	前江	—	—	—	85	—	n. a.	25	69	58	116	133	108	140	144	200
7	槟椥	—	—	—	102	—	25	n. a.	44	83	146	163	137	137	119	175
8	茶荣	—	—	—	146	—	69	44	n. a.	127	150	167	93	93	75	136
9	永隆	—	—	—	143	—	58	83	127	n. a.	68	85	109	141	177	238
10	同塔	—	—	—	201	—	116	146	150	68	n. a.	17	57	89	125	181
11	安江/建江	—	—	—	218	—	133	163	167	85	17	n. a.	74	106	142	198
12	芹苴	—	—	—	193	—	108	137	93	109	57	74	n. a.	32	68	124
13	后江	—	—	—	225	—	140	137	93	141	89	106	32	n. a.	68	124
14	朔庄	—	—	—	221	—	144	119	75	127	125	125	68	68	n. a.	66
15	薄辽/金瓯	—	—		277	—	200	175	136	238	181	198	124	124	66	n. a.

注：“—”指不可得；n. a. 指不适用。

北方各省每天公路运输的货运量（吨）

表 D.7 **2008 年北方各省之间公路货运量** 单位：吨/天

目的地		1 河内	2 永富	3 贝宁	4 河西	5 海阳	6 海防	7 兴安	8 太平	9 河南	10 南定	11 宁平	12 北江	13 宣光	14 安沛	15 广宁	16 北江	17 富寿	18 华平	合计
1	河内	0	2564	10835	20574	2071	2200	5257	54	232	215	88	71	4	449	109	3014	214	42	47993
2	永富	7674	0	35	648	65	1591	7	2	0	10	963	0	98	58	151	74	535	9	11920
3	贝宁	5215	16	0	400	3	126	213	88	4	3	10	0	0	81	60	8364	30	30	14643
4	河西	14483	2432	77	0	19	363	3132	22	4988	15	214	16	5	6	235	46	653	2501	29207
5	海阳	1810	873	964	19	0	7606	0	61	435	68	0	0	0	10	830	1736	235	14	14681
6	海防	17462	218	452	687	10034	0	4107	4789	11	1475	531	0	0	0	1055	99	365	0	41285
7	兴安	22426	2	926	972	0	232	0	272	26	33	0	1	0	1	64	49	17	726	25747
8	太平	51	3	0	5	36	1308	248	0	0	75	0	0	0	8	127	3	20	1	1885
9	河南	706	294	4	12424	0	210	2818	6	0	78	0	0	0	0	9	10	0	76	16635
10	南定	34	0	11	88	0	444	0	0	20	0	0	0	0	0	57	0	10	2	666
11	宁平	346	0	0	2	0	105	3	248	0	0	0	0	0	0	0	28	0	0	732
12	北江	292	0	0	0	1	0	5	0	0	0	0	0	0	0	0	0	0	0	298
13	宣光	12	203	0	0	27	135	4018	0	0	0	0	0	0	0	0	0	0	0	4395
14	安沛	711	312	756	60	3953	11	1170	4	0	0	0	0	0	0	220	0	0	0	7197
15	广宁	376	220	106	20	2695	5910	403	0	0	73	0	0	20	0	0	199	0	0	10022
16	北江	1976	15	8791	0	1178	141	23	178	4	4	1	0	40	0	219	0	0	0	12554

续 表

目的地		目的地																		
		1	2	3	4	5	6	7	8	9	10	11	12	13	14	15	16	17	18	合计
		河内	永富	贝宁	河西	海阳	海防	兴安	太平	河南	南定	宁平	北江	宣光	安沛	广宁	北江	富寿	华平	
17	富寿	72	4818	812	2256	3	756	30	193	240	6	0	0	0	0	0	58	0	4	9248
18	华平	1707	0	15	3873	17	426	944	5	49	1	0	0	0	0	8	50	0	0	7095
	合计	75353	11970	23784	42028	20102	21564	22378	5922	6009	2056	1807	88	151	613	3144	13730	2099	3405	256203

资料来源：日本国际协力机构，2009 年。

表 D. 8 **2020 年北方各省之间公路货运量** 单位：吨/天

目的地		目的地																		
		1	2	3	4	5	6	7	8	9	10	11	12	13	14	15	16	17	18	合计
		河内	永富	贝宁	河西	海阳	海防	兴安	太平	河南	南定	宁平	北江	宣光	安沛	广宁	北江	富寿	华平	
1	河内	0	9309	21103	37403	4713	5364	6503	821	529	1564	347	265	808	1958	1822	6085	668	256	99519
2	永富	14134	0	256	747	1981	2510	15	106	2	27	5134	3	409	138	503	97	1210	45	27315
3	贝宁	13544	247	0	1064	113	152	361	1103	14	11	14	3	79	149	94	10908	102	207	28076
4	河西	29893	3441	266	0	68	475	5078	137	7235	89	401	19	64	15	824	50	946	4155	53154
5	海阳	3453	1017	1295	25	0	10377	7	116	482	900	5	7	48	32	2658	2113	283	490	23307
6	海防	31643	1144	516	794	12341	0	4448	6590	12	2606	729	282	2666	22	2049	211	840	196	67089
7	兴安	31032	40	1204	1066	63	281	0	395	175	68	44	28	290	2	83	58	52	1000	35878
8	太平	410	208	100	44	794	2685	280	0	21	491	51	12	88	73	382	4	340	22	6003
9	河南	994	310	7	14369	31	263	3896	21	0	241	1	2	29	1	10	11	1	169	20354

续 表

目的地		目的地																		
		1	2	3	4	5	6	7	8	9	10	11	12	13	14	15	16	17	18	合计
		河内	永富	贝宁	河西	海阳	海防	兴安	太平	河南	南定	宁平	北江	宣光	安沛	广宁	北江	富寿	华平	
10	南定	479	47	44	265	253	1013	1	109	53	0	37	5	79	5	67	2	85	19	2562
11	宁平	1648	213	140	94	2030	253	7	640	1	127	0	43	508	15	11	54	8	102	5891
12	北江	553	1	3	1	57	178	8	6	1	3	11	0	80	15	1	4	33	32	986
13	宣光	364	232	14	2	344	1170	4230	30	3	11	23	31	0	167	7	40	159	75	6900
14	安沛	1222	1046	1096	69	4332	132	3514	49	30	20	39	58	171	0	755	7	59	56	12653
15	广宁	583	1826	173	23	3429	6920	444	7	0	317	2	1	55	2	0	211	2	2	13997
16	北江	2687	19	9589	2	1539	652	24	233	7	7	3	1	46	1	232	0	1	2	15043
17	富寿	278	6376	905	2631	17	881	34	239	503	14	15	26	61	6	3	73	0	15	12076
18	华平	5711	83	344	5525	225	786	2253	45	78	22	21	16	135	11	117	147	5	0	15524
	合计	138626	25558	37053	64127	32327	34092	31105	10554	9145	6519	6876	801	5615	2612	9615	20074	4794	6842	446329

资料来源：日本国际协力机构，2009年。

表 D.9　　2030年北方各省之间公路货运量　　单位：吨/天

目的地		目的地																		
		1	2	3	4	5	6	7	8	9	10	11	12	13	14	15	16	17	18	合计
		河内	永富	贝宁	河西	海阳	海防	兴安	太平	河南	南定	宁平	北江	宣光	安沛	广宁	北江	富寿	华平	
1	河内	0	14930	29660	51427	6915	8000	7542	1461	776	2689	562	426	1478	3216	3249	8645	1047	434	142457
2	永富	19518	0	440	829	3578	3275	21	192	3	42	8610	5	668	205	796	116	1772	75	40145

续 表

目的地		1	2	3	4	5	6	7	8	9	10	11	12	13	14	15	16	17	18	合计
		河内	永富	贝宁	河西	海阳	海防	兴安	太平	河南	南定	宁平	北江	宣光	安沛	广宁	北江	富寿	华平	
3	贝宁	20484	440	0	1618	204	176	485	1783	23	17	18	6	145	205	123	13028	162	354	39271
4	河西	42734	4281	423	0	108	569	6700	232	9108	151	556	22	113	22	1314	53	1190	5534	73110
5	海阳	4822	1137	1570	30	0	12686	13	161	521	1594	9	12	88	51	4181	2428	307	886	30496
6	海防	43461	1915	569	883	14264	0	4733	8090	13	3549	894	517	4888	40	2877	305	1235	360	88593
7	兴安	38023	71	1435	1145	115	321	0	497	299	97	81	51	532	2	98	65	82	1228	44321
8	太平	709	379	183	76	1425	3823	307	0	38	837	94	22	162	127	594	4	606	39	9434
9	河南	1234	324	10	15989	56	307	4795	33	0	376	1	4	53	2	11	11	1	247	23454
10	南定	849	86	72	412	463	1487	2	199	80	0	68	10	144	10	75	4	148	33	4142
11	宁平	2733	390	256	170	3721	377	11	966	1	232	0	78	931	28	20	75	15	187	10191
12	北江	770	2	6	1	104	326	10	11	2	6	20	0	146	2	1	8	61	59	1560
13	宣光	657	256	25	3	608	2032	4407	55	5	21	42	56	0	306	13	73	291	137	8987
14	安沛	1647	1657	1379	77	4647	233	5467	86	55	36	71	106	314	0	1201	12	108	103	17199
15	广宁	756	3164	228	25	4040	7762	479	13	0	521	4	2	84	3	0	221	4	3	17309
16	北江	3279	23	10254	3	1839	1078	24	279	10	9	4	2	65	2	243	0	1	3	17118
17	富寿	449	7674	982	2944	29	985	37	278	723	21	27	47	111	11	5	85	0	25	14433
18	华平	9048	153	618	6901	398	1086	3344	78	102	40	39	29	248	20	207	227	10	0	22548
	合计	191353	36882	48110	82553	42514	44532	38377	14414	11759	10238	11100	1395	10169	4277	15008	25360	7040	9707	604768

资料来源：日本国际协力机构，2009 年。

北方各省每天内陆水运的货运量（吨）

表 D.10 **2008 年北方各省内陆水运的货运量** 单位：吨/天

目的地		1	2	3	4	5	6	7	8	9	10	11	12	13	14	15	16	17	18	合计
		河内	永富	贝宁	河西	海阳	海防	兴安	太平	河南	南定	宁平	北江	宣光	安沛	广宁	北江	富寿	华平	
1	河内	0	100	0	0	300	5640	0	0	0	0	0	0	300	100	880	0	3040	100	10260
2	永富	1430	0	0	0	0	0	1600	2054	850	600	0	0	0	0	590	0	30	0	7154
3	贝宁	1200	0	0	0	0	0	0	0	0	0	0	0	0	0	0	0	0	0	1200
4	河西	0	0	0	0	0	0	0	0	0	0	0	0	0	0	0	0	120	0	120
5	海阳	49880	0	0	5200	0	0	2110	3000	0	0	550	0	0	0	7605	0	5860	0	74205
6	海防	4500	0	0	350	0	0	5950	4426	280	0	200	0	0	0	4050	0	5200	738	25694
7	兴安	0	0	0	0	0	0	0	0	0	0	0	0	0	0	0	0	0	0	0
8	太平	0	0	0	0	0	0	0	0	0	500	600	0	0	0	0	0	0	0	1100
9	河南	1600	0	0	0	0	0	0	2000	0	800	0	0	0	0	0	0	0	0	4400
10	南定	3340	0	0	0	500	1500	900	900	0	0	400	0	0	0	800	0	0	0	8340
11	宁平	800	0	0	0	1250	5800	800	5000	0	2250	0	0	0	0	0	0	0	0	15900
12	北江	0	0	0	0	0	0	0	0	0	0	0	0	0	0	0	0	0	0	0
13	宣光	16900	0	0	1762	0	0	1374	1540	1540	600	0	0	0	160	0	0	0	0	22336
14	安沛	0	0	0	0	0	0	0	0	0	0	0	0	0	0	0	0	0	0	0
15	广宁	17400	150	14720	4835	15477	560	2980	11060	300	11920	8830	0	0	0	0	2897	14280	0	105409
16	北江	0	0	0	0	0	12460	0	0	0	0	0	0	0	0	1000	0	0	0	13460

续 表

目的地		1	2	3	4	5	6	7	8	9	10	11	12	13	14	15	16	17	18	合计
		河内	永富	贝宁	河西	海阳	海防	兴安	太平	河南	南定	宁平	北江	宣光	安沛	广宁	北江	富寿	华平	
17	富寿	11400	300	3010	2570	6319	44110	2100	3488	980	8866	0	0	50	0	7640	300	0	0	83833
18	华平	0	0	0	0	0	805	0	0	0	0	0	0	0	0	400	0	0	0	1205
	合计	108450	550	17730	14717	23846	70875	17814	33468	2410	18536	10580	0	350	160	22965	2897	28530	738	374616

资料来源：日本国际协力机构，2009 年。

表 D.11　　2020 年北方各省内陆水运的货运量

单位：吨/天

目的地		1	2	3	4	5	6	7	8	9	10	11	12	13	14	15	16	17	18	合计
		河内	永富	贝宁	河西	海阳	海防	兴安	太平	河南	南定	宁平	北江	宣光	安沛	广宁	北江	富寿	华平	
1	河内	0	2226	0	6	432	23206	15	120	4	28	99	0	333	124	708	50	4159	43	31553
2	永富	2231	0	0	0	0	0	2167	2452	950	845	0	0	0	0	590	0	32	0	9268
3	贝宁	1300	0	0	0	0	0	0	0	0	0	0	0	0	0	0	0	0	0	1300
4	河西	214	0	0	0	3	18	1	2	1	2	3	0	0	13	195	1	123	10	584
5	海阳	63340	0	0	5678	0	5	2210	3382	1	7	644	0	0	8	8167	1	6194	2	89640
6	海防	21179	0	0	396	10	0	6224	4720	281	5	356	0	0	499	5171	42	9429	1520	49833
7	兴安	89	0	0	1	17	13	0	5	2	3	21	0	0	1	14	0	1	32	196
8	太平	123	0	0	1	20	26	0	0	7	1029	1740	0	0	29	4	0	9	25	3012
9	河南	3329	0	0	0	15	4	1	2130	0	1023	0	0	0	2	1	0	1	6	6511

续 表

目的地		1	2	3	4	5	6	7	8	9	10	11	12	13	14	15	16	17	18	合计
		河内	永富	贝宁	河西	海阳	海防	兴安	太平	河南	南定	宁平	北江	宣光	安沛	广宁	北江	富寿	华平	
10	南定	5005	0	0	3	2938	2677	1533	1168	1	0	3030	0	0	8	817	1	6	7	17194
11	宁平	836	0	0	0	2319	6936	2037	8070	26	6386	0	0	0	43	20	0	12	51	26735
12	北江	0	0	0	0	0	0	0	0	0	0	0	0	0	0	0	0	0	0	0
13	宣光	40128	0	0	2241	0	0	2490	2169	0	1174	0	0	0	283	0	0	0	0	48485
14	安沛	98	0	0	5	23	388	3	34	25	24	40	0	0	0	34	15	60	95	845
15	广宁	20874	220	15421	5207	16596	652	3343	11933	544	12719	9621	0	0	2	0	3140	15231	3	115506
16	北江	22	0	0	1	5	14364	0	7	1	3	2	0	0	2	1020	0	0	1	15426
17	富寿	13983	509	3305	2754	8532	52184	2375	3756	1053	2125	1	0	51	16	8839	2	0	27	99512
18	华平	96	0	0	2	10	2138	10	25	5	11	12	0	0	19	427	0	6	0	2761
	合计	172847	2955	18727	16294	80921	102611	22408	39974	2900	25383	15569	0	384	1048	26008	3251	35261	1821	518361

资料来源：日本国际协力机构，2009年。

表 D.12　　2030年北方各省内陆水运的货运量　　单位：吨/天

目的地		1	2	3	4	5	6	7	8	9	10	11	12	13	14	15	16	17	18	合计
		河内	永富	贝宁	河西	海阳	海防	兴安	太平	河南	南定	宁平	北江	宣光	安沛	广宁	北江	富寿	华平	
1	河内	0	3997	0	11	542	37845	27	220	8	52	182	0	361	27	564	92	5091	78	49297
2	永富	2898	0	0	0	0	0	2640	2784	1034	1050	0	0	0	0	590	0	34	0	11030

续 表

目的地		目的地																		
		1	2	3	4	5	6	7	8	9	10	11	12	13	14	15	16	17	18	合计
		河内	永富	贝宁	河西	海阳	海防	兴安	太平	河南	南定	宁平	北江	宣光	安沛	广宁	北江	富寿	华平	
3	贝宁	1384	0	0	0	0	0	0	0	0	0	0	0	0	0	0	0	0	0	1384
4	河西	392	0	0	0	5	33	1	4	1	3	5	0	0	23	358	1	125	19	970
5	海阳	74557	0	0	6077	0	9	2294	3700	1	12	723	0	0	15	8635	2	6473	4	102502
6	海防	35078	0	0	435	19	0	6452	4965	281	9	486	0	0	915	6106	77	12593	2172	69948
7	兴安	164	0	0	1	31	23	0	9	3	5	38	0	0	1	26	0	1	58	360
8	太平	226	0	0	1	36	47	0	0	13	1469	2690	0	0	54	8	0	16	45	4605
9	河南	4770	0	0	0	27	8	1	2239	0	1208	0	0	0	3	2	0	1	11	8270
10	南定	6393	0	0	6	4970	3658	2060	1392	1	0	5221	0	0	15	831	1	11	13	24572
11	宁平	866	0	0	0	3210	7882	3067	10628	47	9833	0	0	0	79	37	0	22	93	35764
12	北江	0	0	0	0	0	0	0	0	0	0	0	0	0	0	0	0	0	0	0
13	宣光	59484	0	0	2640	0	0	3420	2694	0	1652	0	0	0	386	0	0	0	0	70276
14	安沛	179	0	0	9	43	712	5	63	46	33	74	0	0	0	63	27	110	175	1550
15	广宁	23769	278	16006	5517	17529	728	3646	12660	748	13385	10280	0	0	4	0	3343	16023	5	123921
16	北江	41	0	0	1	9	15950	0	13	2	5	3	0	0	3	1036	0	0	2	17065
17	富寿	16135	684	3551	2907	10377	58913	2604	3979	1114	2340	2	0	52	29	9838	3	0	49	112577
18	华平	176	0	0	3	18	3249	19	46	9	21	22	0	0	34	450	0	11	0	4058
	合计	226512	4959	19557	17608	36816	129057	26236	45396	3308	31088	19726	0	412	1788	28544	3546	40871	2724	638149

资料来源：日本国际协力机构，2009 年。

南方各省每天公路运输的货运量（吨）

表 D. 13　　2008 年南方各省公路运输的货运量　　单位：吨/天

始发地		目的地 1 平阳	2 同奈	3 巴地头顿	4 胡志明	5 隆安	6 前江	7 槟椥	8 茶荣	9 永隆	10 同塔	11 安江/建江	12 芹苴	13 后江	14 朔庄	15 薄辽	合计
1	平阳	0	10896	21	10470	24	149	56	91	68	1219	24	1351	375	55	72	23863
2	同奈	8995	0	22064	32833	246	685	203	0	5	0	1547	1810	4968	0	0	73365
3	巴地头顿	1753	10376	0	9208	0	153	799	0	0	179	243	0	0	0	0	22532
4	胡志明市	2954	30623	8828	0	4530	916	122	80	102	0	757	350	48	28	86	49603
5	隆安	30	592	3	2718	0	2182	19	0	0	0	0	0	149	20	0	5713
6	前江	2	473	73	717	3972	0	0	0	0	0	0	23	14	128	0	5402
7	槟椥	80	72	0	206	0	0	0	0	0	0	3	0	0	0	32	393
8	茶荣	0	0	0	59	0	0	0	0	0	0	0	0	0	0	0	59
9	永隆	342	270	0	177	45	0	0	0	0	0	0	574	80	45	134	1667
10	同塔	81	675	0	354	0	0	0	0	0	0	9	16	45	0	0	1180
11	安江/建江	134	969	10	1126	0	2	0	0	0	0	872	3144	56	135	0	6448
12	芹苴	9	0	0	168	12	242	0	40	1087	0	3253	0	5424	627	349	11211
13	后江	0	460	0	69	0	0	0	0	15	10	0	2707	0	0	0	3261
14	朔庄	0	0	0	31	396	0	0	0	0	0	0	55	39	0	0	521

续 表

始发地		目的地															
		1	2	3	4	5	6	7	8	9	10	11	12	13	14	15	合计
		平阳	同奈	巴地头顿	胡志明	隆安	前江	槟椥	茶荣	永隆	同塔	安江/建江	芹苴	后江	朔庄	薄辽	
15	薄辽/金瓯	0	2	0	100	0	110	0	0	0	0	10	221	0	0	0	443
合计		14380	55498	30999	58236	9225	4439	1199	211	1277	319	6718	10251	11198	1038	673	205661

资料来源：日本国际协力机构，2009 年。

表 D.14　　2020 年南方各省公路运输的货运量　　单位：吨/天

始发地		目的地															
		1	2	3	4	5	6	7	8	9	10	11	12	13	14	15	合计
		平阳	同奈	巴地头顿	胡志明	隆安	前江	槟椥	茶荣	永隆	同塔	安江/建江	芹苴	后江	朔庄	薄辽	
1	平阳	0	13276	192	36241	54	135	69	469	81	195	59	1447	375	91	51	52734
2	同奈	14891	0	36815	91192	464	2509	570	63	119	184	3248	3433	6626	169	122	160405
3	巴地头顿	2800	11635	0	27592	428	267	1009	61	3	102	314	39	10	80	49	44388
4	胡志明市	19013	76897	26463	0	8919	4865	900	1378	471	3019	5176	947	183	743	4197	154170
5	隆安	50	1434	205	7917	0	2806	154	18	4	38	51	20	181	53	23	12953
6	前江	9	535	885	5035	5936	0	52	28	7	21	767	33	37	194	13	13552
7	槟椥	83	711	55	1988	6	35	0	45	4	14	305	7	0	58	27	3348
8	茶荣	26	10	156	1239	17	22	130	0	12	28	54	2	59	142	81	1978

续　表

始发地		目的地															合计
		1	2	3	4	5	6	7	8	9	10	11	12	13	14	15	
		平阳	同奈	巴地头顿	胡志明	隆安	前江	槟椥	茶荣	永隆	同塔	安江/建江	芹苴	后江	朔庄	薄辽	
9	永隆	508	297	50	506	174	67	65	35	0	87	189	949	113	233	367	3640
10	同塔	85	763	70	1427	22	8	3	6	1	0	265	19	48	21	14	2763
11	安江/建江	366	1235	115	3141	13	41	31	52	25	47	2094	5462	112	352	36	13121
12	芹苴	16	5	27	1356	40	352	26	121	1506	11	5088	0	7002	1013	617	17180
13	后江	2	463	22	605	0	7	2	8	62	32	222	3399	0	41	16	4681
14	朔庄	22	16	158	713	632	62	111	106	15	50	197	221	121	0	860	2604
15	薄辽/金瓯	3	11	109	1952	5	349	22	22	8	38	23	128	2	89	0	2761
合计		37873	107289	65321	180905	16710	11525	2144	2414	2327	3866	17851	17106	14868	3279	5802	490279

资料来源：日本国际协力机构，2009年。

表 D.15　　2030年南方各省公路运输的货运量　　单位：吨/天

始发地		目的地															合计
		1	2	3	4	5	6	7	8	9	10	11	12	13	14	15	
		平阳	同奈	巴地头顿	胡志明	隆安	前江	槟椥	茶荣	永隆	同塔	安江/建江	芹苴	后江	朔庄	薄辽	
1	平阳	0	15184	335	57716	79	124	79	784	92	256	88	1527	375	121	33	76793
2	同奈	19805	0	49107	139825	646	4029	875	116	214	330	4666	4786	8007	310	223	232939

续 表

始发地		目的地															
		1	2	3	4	5	6	7	8	9	10	11	12	13	14	15	合计
		平阳	同奈	巴地头顿	胡志明	隆安	前江	槟椥	茶荣	永隆	同塔	安江/建江	芹苴	后江	朔庄	薄辽	
3	巴地头顿	3672	12685	0	42912	784	362	1184	112	6	187	373	71	18	146	90	62602
4	胡志明市	32396	115458	41159	0	12576	8156	1549	2460	778	5385	8858	3278	296	1339	7622	241310
5	隆安	67	2135	373	12250	0	3326	266	33	7	69	93	37	208	80	42	18986
6	前江	14	586	1561	8634	7573	0	95	52	12	39	1406	42	56	249	24	20343
7	槟椥	85	1244	100	3473	11	65	0	83	7	26	556	13	0	107	41	5811
8	茶荣	47	18	286	2223	32	40	238	0	22	52	99	4	108	260	149	3578
9	永隆	647	320	91	780	281	123	119	64	0	160	346	1261	141	389	562	5284
10	同塔	88	837	129	2322	41	14	6	11	21	0	478	21	50	39	25	4082
11	安江/建江	559	457	203	4820	24	73	57	96	45	86	3112	7393	158	532	66	18681
12	芹苴	21	9	49	2346	63	444	48	189	1856	20	6618	0	8317	1335	840	22155
13	后江	3	466	40	1051	0	12	3	15	101	51	41	3975	0	76	30	5864
14	朔庄	41	30	290	1282	828	113	204	194	27	91	361	360	189	0	330	4340
15	薄辽/金瓯	6	19	200	3495	9	549	41	40	14	70	33	51	3	163	0	4693
合计		57451	150448	93923	283129	22947	17430	4764	4249	3202	6822	27128	22819	17926	5146	10077	727461

资料来源：日本国际协力机构，2009 年。

南方各省每天内陆水运的货运量（吨）

表 D.16　　**2008 年南方各省内陆水运的货运量**　　单位：吨/天

	始发地	目的地															
		1	2	3	4	5	6	7	8	9	10	11	12	13	14	15	合计
		平阳	同奈	巴地头顿	胡志明	隆安	前江	槟椥	茶荣	永隆	同塔	安江/建江	芹苴	后江	朔庄	薄辽	
1	平阳	0	0	0	0	4800	4800	1500	0	0	0	0	0	0	0	0	11100
2	同奈	0	0	0	0	4200	13600	19320	0	3300	10200	3600	0	2500	0	0	56720
3	巴地头顿	0	0	0	0	0	0	0	0	0	0	834	0	0	0	0	834
4	胡志明市	0	0	0	0	6150	4100	1380	0	3005	100	8395	87820	0	465	0	51955
5	隆安	0	1200	0	3320	0	0	6810	0	240	0	0	0	750	0	0	12320
6	前江	0	0	0	1650	0	0	569	0	0	0	108	325	250	0	15	2917
7	槟椥	2800	5000	0	12463	504	1500	0	0	0	5	63	0	0	0	0	22335
8	茶荣	0	0	0	0	375	27	73	0	4	0	0	0	100	0	0	579
9	永隆	0	5952	0	151350	0	54	284	0	0	0	56	0	5	525	0	22011
10	同塔	0	0	0	3300	0	0	2198	0	0	0	3378	1210	0	0	13	10099
11	安江/建江	0	685	0	6673	468	702	3465	240	176	1349	9423	7915	2801	0	425	34322
12	芹苴	0	640	0	500	0	55	0	1000	0	0	22720	0	2123	0	3840	30878
13	后江	0	0	0	250	1450	225	70	0	0	0	890	0	0	0	0	2885
14	朔庄	0	0	0	0	0	210	1000	0	25	0	20	0	0	0	0	1255
15	薄辽/金瓯	0	0	0	0	0	0	0	0	0	0	451	2	0	0	0	453
	合计	2800	13477	0	43291	17947	25273	36669	1240	6750	11654	50478	37272	8529	990	4293	260663

资料来源：日本国际协力机构，2009 年。

表 D.17　**2020 年南方各省内陆水运的货运量**　单位：吨/天

始发地		目的地															
		1	2	3	4	5	6	7	8	9	10	11	12	13	14	15	合计
		平阳	同奈	巴地头顿	胡志明	隆安	前江	槟椥	茶荣	永隆	同塔	安江/建江	芹苴	后江	朔庄	薄辽	
1	平阳	0	11	261	131	4863	4823	1645	35	8	49	159	46	0	43	74	12148
2	同奈	8	0	9365	183	4265	14597	19783	42	4124	12321	4025	76	2737	134	136	71795
3	巴地头顿	63	88	0	9551	349	439	333	648	28	1340	1430	181	80	595	474	15599
4	胡志明市	123	17	12050	0	13185	5967	4667	873	6816	1907	32575	38411	201	4207	370	121370
5	隆安	2	1260	395	6276	0	6	8483	20	.765	33	68	10	819	29	32	18199
6	前江	4	3	403	5116	1	0	11551	12	3	30	369	363	291	43	46	7837
7	槟椥	3202	5146	280	14112	608	2911	0	10	2	18	103	4	0	38	29	26462
8	茶荣	46	13	1049	723	468	109	118	0	12	51	137	2	498	68	95	3388
9	永隆	2	8132	99	28620	53	81	425	37	0	18	177	14	5	751	11	38424
10	同塔	5	8	172	9686	9	14	2222	17	2	0	4901	1213	1	32	64	18346
11	安江/建江	9	717	377	41872	513	1363	3929	449	193	3344	12258	9211	3271	153	397	78057
12	芹苴	4	656	149	5077	21	77	23	1346	2	10	24163	0	2566	13	1803	35910
13	后江	3	3	118	1391	2101	1595	103	8	4	18	901	1	0	15	21	6283
14	朔庄	54	41	1137	975	41	1159	1203	58	48	92	226	13	53	0	103	5203
15	薄辽/金瓯	9	26	385	1688	13	25	22	25	9	79	257	10	2	35	0	2586
合计		3534	16124	26242	125402	26488	33165	44111	3581	12015	19308	81748	49554	10525	6155	3655	461606

资料来源：日本国际协力机构，2009 年。

表 D.18　　2030 年南方各省内陆水运的货运量　　单位：吨/天

始发地		目的地															
		1	2	3	4	5	6	7	8	9	10	11	12	13	14	15	合计
		平阳	同奈	巴地头顿	胡志明	隆安	前江	槟椥	茶荣	永隆	同塔	安江/建江	芹苴	后江	朔庄	薄辽	
1	平阳	0	21	479	240	4915	4843	1766	64	15	89	291	85	0	78	136	13022
2	同奈	14	0	17169	336	4319	15427	20168	77	4811	14089	4379	139	2935	245	250	84358
3	巴地头顿	116	162	0	17511	640	805	610	1188	51	2456	1926	331	147	1091	869	27903
4	胡志明市	226	32	22092	0	19048	7522	7407	1601	9991	3412	52275	47237	368	7325	679	179215
5	隆安	4	1310	725	8739	0	11	9877	36	1202	61	125	19	877	53	59	23098
6	前江	7	6	738	8004	1	0	1643	22	5	55	587	395	325	78	71	11937
7	槟椥	3537	5267	514	15486	694	4087	0	19	3	28	137	7	0	70	53	29902
8	茶荣	84	24	1923	1325	545	177	155	0	18	93	251	4	830	125	174	5728
9	永隆	3	9948	182	39857	97	103	542	68	0	33	277	26	5	940	21	52102
10	同塔	10	15	315	15008	16	25	2242	31	4	0	6170	1215	2	58	107	25218
11	安江/建江	16	743	692	71205	551	1914	4316	623	207	5007	14620	10291	3663	281	373	114502
12	芹苴	8	669	274	8892	38	96	42	1635	3	18	25365	0	2935	23	105	40103
13	后江	5	6	217	2342	2643	2737	130	15	8	33	911	1	0	28	38	9114
14	朔庄	99	76	2085	1787	75	1949	1373	107	68	168	397	23	98	0	188	8493
15	薄辽/金瓯	16	51	705	3095	24	45	41	46	17	145	95	16	3	65	0	4364
合计		4145	18330	48110	193827	33606	39741	50312	5532	16403	25687	107806	59789	12188	10460	3123	629059

资料来源：日本国际协力机构，2009 年。

商品进出表

表 D. 19 **北部地区运出的货物** 单位：吨/天

	目的地	商品													合计
		1	2	3	4	5	6	7	8	9	10	11	12	13	
		大米	蔗糖	木材	钢材	建材	水泥	肥料	煤炭	石油	经济作物	加工商品	渔类产品	肉类和其他	
1	河内	5408	3	733	1877	26304	3799	1447	4385	2121	81	12734	16	9133	68041
2	永富	264	0	615	2243	12873	1120	28	0	0	7	2227	0	966	20343
3	贝宁	2159	0	540	2452	4993	1920	0	391	329	0	3191	0	714	16689
4	河西	4853	130	945	1211	13423	2535	212	1266	1324	60	3671	60	2145	31835
5	海阳	2078	0	5414	529	43512	31443	483	290	1849	0	4069	51	472	90190
6	海防	5164	0	607	18254	8956	22084	1101	1397	7438	332	15382	132	3157	84004
7	兴安	2884	0	133	6373	163	0	0	230	31	0	12465	51	6297	28627
8	太平	165	0	23	85	1626	205	74	130	33	0	467	63	808	3679
9	河南	318	0	22	1	13534	6611	27	748	48	0	948	0	490	22747
10	南定	446	0	1	28	4348	3500	0	560	0	0	351	20	214	9468
11	宁平	107	0	5	32	8226	9091	371	1476	56	0	166	0	344	19874
12	北江	68	0	32	200	0	0	0	0	0	0	1	0	5	306
13	宣光	4157	27	136	0	22336	0	0	0	0	0	45	0	67	26768
14	安沛	5266	0	291	1170	666	757	0	0	0	0	343	3	24	8520
15	广宁	243	0	972	105	19357	5376	48	99867	553	14	2563	60	1369	130527

续 表

目的地		商品													
		1	2	3	4	5	6	7	8	9	10	11	12	13	合计
		大米	蔗糖	木材	钢材	建材	水泥	肥料	煤炭	石油	经济作物	加工商品	渔类产品	肉类和其他	
16	北江	714	0	727	222	24068	1046	1814	428	33	4	1368	0	870	31294
17	富寿	188	0	1557	143	83209	2160	4059	977	651	0	1345	3	731	95023
18	华平	1124	491	1225	0	4639	180	0	0	4	0	139	0	498	8300
	合计	35606	651	13978	34925	292233	91827	9664	112145	14470	498	61475	459	28304	696235

资料来源：日本国际协力机构，2009年。

表 D.20 北部地区运进的货物

单位：吨/天

目的地		商品													
		1	2	3	4	5	6	7	8	9	10	11	12	13	合计
		大米	蔗糖	木材	钢材	建材	水泥	肥料	煤炭	石油	经济作物	加工商品	渔类产品	肉类和其他	
1	河内	8974	0	1280	17698	81470	32171	360	16377	5430	142	22546	142	10049	196639
2	永富	261	0	173	154	942	4134	2950	835	438	30	2223	70	1683	13893
3	贝宁	2730	11	800	724	30658	2392	653	879	312	16	3784	0	889	43848
4	河西	6107	422	568	1302	31471	6018	232	4979	198	17	5009	14	2940	59277
5	海阳	4460	67	191	3477	8049	7474	355	16113	692	0	2937	70	802	44687
6	海防	4523	13	1308	2331	68922	6537	868	3471	2504	45	13669	153	3407	107751

续 表

目的地		商品													合计
		1	2	3	4	5	6	7	8	9	10	11	12	13	
		大米	蔗糖	木材	钢材	建材	水泥	肥料	煤炭	石油	经济作物	加工商品	渔类产品	肉类和其他	
7	兴安	8353	2	10	4864	9602	8818	339	3572	492	0	4155	0	5577	45784
8	太平	602	5	208	1209	18784	7005	275	12476	599	20	973	0	651	42807
9	河南	354	3	63	4	6973	918	192	281	37	55	698	0	82	9660
10	南定	402	1	27	690	9206	3332	345	11920	42	106	388	77	140	26676
11	宁平	209	0	154	373	2027	799	31	11103	206	0	1128	0	659	16689
12	北江	0	0	29	0	0	38	0	15	0	0	7	0	1	90
13	宣光	101	0	0	0	0	20	0	350	0	0	1	0	29	501
14	安沛	105	0	1	0	469	85	15	80	17	4	110	4	164	1054
15	广宁	4580	0	8165	18	9927	4619	960	71	53	271	2175	204	935	31978
16	北江	2525	50	747	1239	4346	1420	105	3705	856	7	1841	0	751	17592
17	富寿	143	0	1082	213	12526	2719	694	15473	244	8	1058	28	304	34492
18	华平	1222	130	45	0	145	773	4	1053	351	0	56	4	366	4149
	合计	45651	704	14851	34296	295517	89272	8378	102753	12471	721	62758	766	29429	697567

资料来源：日本国际协力机构，2009 年。

表 D.21　　南部地区运出的货物　　单位：吨/天

始发地		商品													
		1	2	3	4	5	6	7	8	9	10	11	12	13	合计
		大米	蔗糖	木材	钢材	建材	水泥	肥料	煤炭	石油	经济作物	加工商品	渔类产品	肉类和其他	
1	平阳	2240	2	1258	121	13858	0	4803	1	18	212	23521	13	2000	48047
2	同奈	17242	1340	1581	118	45946	132	6001	91	6476	76	48507	3210	2808	133528
3	巴地头顿	2132	0	110	44	6588	742	10	409	3305	459	15130	283	977	30189
4	胡志明市	9406	464	1355	3651	34055	1628	16160	769	15207	169	25009	8853	15950	132676
5	隆安	5545	0	1506	422	7263	31	600	2	32	32	1286	1296	1077	19092
6	前江	9130	0	340	559	904	900	23	19	586	0	457	679	1305	14902
7	槟椥	9323	0	99	0	9705	14	0	0	0	13	303	43	3312	22812
8	茶荣	29	0	0	0	523	0	0	0	0	0	14	45	27	638
9	永隆	1713	3880	250	30	16378	0	405	26	245	0	764	98	159	23948
10	同塔	3554	45	50	140	3736	4	1608	1	0	1748	208	23	300	11417
11	安江/建江	5205	13	987	41	24876	3368	173	470	1943	819	914	1991	1396	42196
12	芹苴	3011	274	195	576	29125	368	88	272	545	0	1857	14	6732	43057
13	后江	1339	0	0	0	995	0	0	0	0	0	645	1542	1757	6278
14	朔庄	385	0	0	0	1235	0	0	20	0	0	6	0	130	1776
15	薄辽/金瓯	434	0	26	7	0	0	0	0	220	0	20	135	81	923
合计		70688	6018	7757	5709	195187	7187	29871	2080	28577	3528	118641	18225	38011	531479

资料来源：日本国际协力机构，2009 年。

表 D. 22　　南部地区运进的货物　　单位：吨/天

	始发地	商品													
		1	2	3	4	5	6	7	8	9	10	11	12	13	合计
		大米	蔗糖	木材	钢材	建材	水泥	肥料	煤炭	石油	经济作物	加工商品	渔类产品	肉类和其他	
1	平阳	724	517	773	1255	3731	21	511	2	48	110	8693	0	3765	20150
2	同奈	4335	1139	2017	1462	21308	592	2	1584	3718	81	30660	3654	4267	74819
3	巴地头顿	256	450	78	0	341	273	0	91	6213	86	15608	114	8073	31583
4	胡志明	23525	4027	522	856	38188	5878	1438	3354	4535	3014	34614	734	8343	129028
5	隆安	3282	0	529	1222	12712	1066	1578	3	2349	32	2953	354	1689	27769
6	前江	11081	14	140	193	7778	112	8578	331	234	300	729	71	728	30289
7	槟椥	3072	0	1692	5	24477	507	7000	0	222	0	746	62	101	37884
8	茶荣	91	0	0	40	1000	270	0	0	40	0	10	0	0	1451
9	永隆	5513	900	189	210	788	0	0	0	16	160	640	0	0	8416
10	同塔	1021	12	3	33	10227	0	109	10	4	182	165	136	75	11977
11	安江/建江	5129	54	102	652	28835	1364	3198	882	272	974	2718	7536	5750	57466
12	芹苴	2553	1	9	93	26294	1903	5976	763	587	164	4068	4236	3486	50133
13	后江	1609	265	0	531	9579	220	59	0	338	0	5934	0	1391	13316
14	朔庄	134	0	0	0	489	0	405	0	135	0	189	52	642	2046
15	薄辽/金瓯	322	0	46	10	4292	133	0	0	0	0	116	9	298	5226
合计		62647	7379	6100	6562	190039	12339	28854	7020	18711	5103	107843	16958	38598	508153

资料来源：日本国际协力机构，2009 年。

对 2020 年来说，只有货物类型的数据，没有运输方式和省份的数据。

本报告研究的主要水运区域为红河三角洲地区、湄公河三角洲地区和南北轴。货流牵涉到红河三角洲地区 18 个省份，湄公河三角洲地区 15 个省份。公路运输和内陆水运在这些省份的货运中为主要运输方式，为方便分析，其他的运输方式忽略不计（沿海航运、空运和铁路运输）。根据货运种类获得的数据只包含 13 种货物，而且只有每个省份货物进出的信息，没有始发地—目的地的信息（具体货物从始发地到目的地的信息不可得）。这也就是说，任何运具分配模式和运具分配模式的应用都是依靠累计货运量完成的，和不同货物的行为差异无关（比如，有些货物的时效性更强，成本更高），一般的敏感系数通用于所有的商品。和详细的可行性研究相比，本研究的分析都一目了然，所以这些分析也就足够了。

三、使用 VITRANSS 和其他数据的 Logit 模型

（一）Logit 模型

运具分配模型是多类别 logit 模型，具体如下。

托运人在众多的运输方式中选择一种运输方式的概率可表示为：

$$P_m\ (m=r \mid r=1,\ \cdots,\ M) = \frac{e^{U_m}}{\sum_{r=1}^{r=m} e^{U_r}} \tag{1}$$

其中，

P_m：在各种可能的运输方式中选择 m 的概率 $r=1,\ \cdots,\ M$；

U_m：附加到只用某种运输方式路线的有用值；

m：代表托运人可选择的运输方式的索引运算。

在式（1）的概率函数 P_m 适用于所有在给定的始发地 o（$o=1,\ \cdots,\ O$）和给定的目的地 d（$d=1,\ \cdots,\ D$）之间的物流。为简单起见，式（1）的省份 o 和 d 的指数差异忽略不计。

（二）效用公式

在给定的始发地—目的地货运路线中的托运人和接收人以及运输方式 m 的值可以用效用公式表示①。效用可以理解为决定托运人选择何种运输方式的众因素的线性组合，公式如下：

$$U_m = \alpha_{0m}D_m + \alpha_{1m}C_m + \alpha_{2m}T_m + \alpha_{3m}F_m + \alpha_{4m}R_m \tag{2}$$

① 有时被称为“广义成本”。需要注意的是非线性公式，比如乘积，也可以用来表示效用。

其中，

C_m：运输费用，包括运费、装卸费、地面运输成本和其他费用；

T_m：运输方式 m 的中转时间；

F_m：运输服务的频率；

R_m：运输服务的可靠性（中转时间的标准变量）；

D_m：只能取值为 0 或 1 的二进制变量，用来描述除中转时间、运输频率和运输可靠性之外的其他和运输方式有关的特征①。

在式（2）中，［α_{0m}，α_{1m}，α_{2m}，α_{3m}，α_{4m}］是未知人口系数的矢量，其值可以估计出。解释变量［D_m，C_m，T_m，F_m，和 R_m］用来描述运输方式 m 的吸引力，解释变量的矢量是指运输方式 m 特征的矢量②。

（三）运输模式之间的相对位置

一种运输方式相较于另一种运输方式的效用地位可以用两种运输方式被选的可能性的比值估计。比如，托运人位于地区 d，希望从地区 o 运输货物，选择了运输方式 $k=m$，也有可能选择运输方式 $k=n$，m 和 n 可以指内陆水运和公路运输，这两者之间的比值就是选择一种运输方式的可能性。将 m 和 n 带入式（1）中，将结果相除，使用简单的算术，就可以算出选择哪种运输方式的可能性了。

$$P_m/P_n = e^{U_m}/e^{U_n} = e^{U_m - U_n} \tag{3}$$

式（3）说明运输方式 m 和 n 被选可能性的比值是这两种运输方式运输特征矢量的差别比。比如，如果承运人认为运输方式 m 和 n 的效用一样（比如，这两种运输方式的特征一样），那么承运人选择这两种运输方式的可能性是一样的。换种说法，效用公式 U_m和 U_n的差别为零，P_m和 P_n的比值正好为 1，也就是说这两种运输方式的运输份额相同。

另外，运输方式 m 和 n 各自拥有不同的特征矢量，则可以推断，这两种运输方式的运输份额不同。举例来说，如果承运人认为运输方式 m 的效用高于 n，这两种运输方式的效用函数差异值为 0.5（不同于前面例子中的 0），式（3）右边的结果为 $e^{0.5}=1.65$，这意味着运输方式 m 的市场份额是 1.65 /（1.65 + 1） = 62%，而不是 50%（假设承运人只能选择 m 和 n 这两种运输方式）。

如前所述，虽然越南的货物运输可以选择的运输方式有：公路卡车运输、铁路运输、河道驳船运输、沿海运输和空运，但是占据越南国内货运主导地位的运输方式为：公路卡车运输和河道驳船运输。

---

① 这些可以包括增值服务，比如跟踪能力、电子数据交换的对接性、特殊装卸、准时配送保证等。

② 前程运输和中转运输都具有这些特性（前程运输和中转运输均默认为公路运输）。

式（3）两边的自然对数说明，在运输方式 m 和 n 之间的选择就变成了这两种运输方式特征差异的线性公式（运输特征包括成本、时间、可靠性、服务频率以及附加值服务），如式（4）所示：

$$\ln(P_m/P_n) = U_m - U_n = \alpha_{0m}(D_m - D_n) + \alpha_{1m}(C_m - C_n) + \alpha_{2m}(T_m - T_n) + \alpha_{3m}(F_m - F_n) \quad (4)$$

其中 $[\alpha_{0m}, \alpha_{1m}, \alpha_{2m}, \alpha_{3m}]$ 的值可由线性回归算出。式（4）就是指 logit 模型。

（四）回归系数

根据托运人在省际货运地区间货运中所做的实际选择能最好地估计式（4）中的回归系数。对已知选择的所做的统计数据被称为“显示性偏好”。Logit 模型的系数是根据“陈述系数”得出的，是指决策者在一些假设性的情境中会做出的选择（比如通过问卷调查）。现实性偏好的关键优势是能代表真实的选择，但是由于这种统计方法的成本和复杂性，一般不易收集，尤其是在发展中国家。另外，陈述偏好相对容易收集，但是只有在陈述性偏好不可得的情况下，才能成为可用的数据源。

在一个典型的陈述性偏好采访中，决策者面临着各种各样的假设情况下，被问到哪种情况最可取。决策者可能会给出几个选择，然后将给出的选择按照偏好程度排序（被称为偏好排名）。决策者也可能被问到选项 A 到底比选项 B 好多少（按照 0～1 的标准，这被称为偏好尺度）。

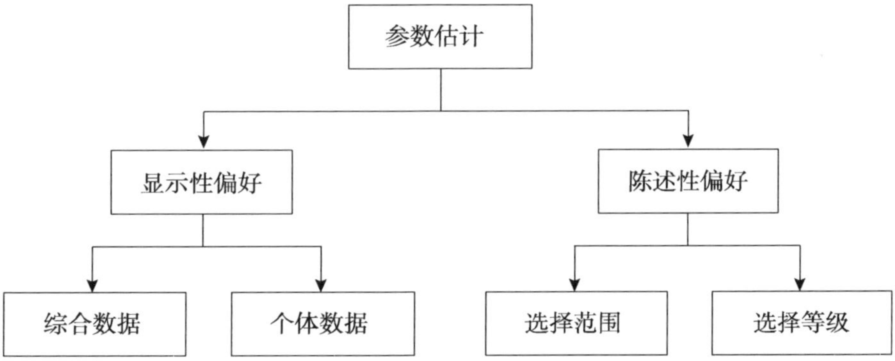

图 D.1　用来估计 Logit 模型参数的选项

资料来源：Ecorys。

（五）综合数据和个体数据

使用显示性偏好数据要区分综合数据和个体数据。从个体决策者处收集的数据称为个体数据，在个体数据基础上得到的数据称为综合数据，比如一个地区或区域的平均值。这两种类型的数据都可以用在回归分析中，用来决定某种运输方式的市场份额和解释变量的平均值之间的关系。

使用综合数据也意味着对解释变量进行合计和取均值时，信息不可避免地丢失了。但优势在于，在某种程度上，估计的 logit 参数可用来预测，但是对结果进行进一步的整合则没有必要。另外，对个体数据来说，系数值在微观层面上可能会更准确，但是如果用系数值进行预测，准确性会受影响，因为要对个体数据进行综合，并取均值。

图 D.1 总结了上面讨论的选项来估计 logit 模型参数。

四、此报告的运具分配模型

报告使用了运具分配 logit 模型分析红河三角洲地区、湄公河三角洲地区以及连接这两个地区间南北贸易的公共基础设施和政策干预对运输方式转变造成的影响。基于省际间的综合数据，此模型将运输方式的转变进行量化，这些转变是由一些决定因素驱动发生的。

运输方式转变所造成的影响仅仅考虑南北轴上内陆水运和公路运输之间的转变，以及公路运输和沿海集装箱运输之间的转变。运具转变模型的基本公式代表内陆水运（F_{iwt}）和公路运输（F_{road}）之间货流的比例，以及这两种运输方式的运输成本（C）、中转时间（T）和服务质量（Q）之间的差别。式（5）左边是运输方式货流比例的自然对数，右边是运具分配决定因素差异的线性表达。

$$\ln(F_{iwt}/F_{road}) = \alpha_0 + \alpha_1(C_{iwt} - C_{road}) + \alpha_2(T_{iwt} - T_{road}) + \alpha_3(Q_{iwt} - Q_{road}) \quad (5)$$

（一）运具分配的决定因素

运具分配运用到货运上的文献表明，决定选择哪种运输方式的主要因素有：运输成本（又叫运输价格）、中转时间、定期水运航班的间隔时间、航班的可靠性、货物损耗的风险性（途中损坏或被窃）。具体可参看 Ortuzar 和 Willumsen（1990），以及 Henscher 和 Button（2000）编写的手册。越南于 1995 年取消了固定收费，价格由市场决定。因此，运营费由运输服务方决定，比如内陆水运公司、卡车运输公司、集装箱运营商，他们在决定运价上起着主导作用。这些运营费用是估计下面将要讨论的运具分配模型中运输费的基础。

运输成本主要取决于运输距离、车辆/船的大小、货物因素、能量消耗（这是由发动机功率以及车辆/船的速度综合决定的）以及装卸成本。中转时间也可以以类似的方式转化为运输成本，可分为固定和由运输距离决定两种。内陆水运和公路运输的距离见表 D.1～表 D.22。

自推式驳船的内河运营费用包括固定的部分，每吨的装卸费为 2 美元，以及变化的部分，每吨·公里货物的收费，50 吨的驳船（第五类）为 0.064 美元，700 吨的驳船（第一类）为0.016美元（见表D.23）。这些数字是使用VITRANSS－2提供的数据计算得出的，内陆水运运营商的采访对此加以补充。对货物运营商的采访对货物和航行速度做了进一步的补充。自推驳船的货物因素估计可以达到45%，说明船只运输一程是空船，另一程的装载率可达90%。这个假设是现实的，因为内陆水运的货物容量和重量的比例限制了货物。所有船只的平均航行时速为9千米（内陆水运船只的设计时速通常为10千米）。

表D.23　　越南内陆水运船只的主要性能指标

越南船只分类	5	4	3	2	1
船只运载吨数	50	100	300	500	700
每吨·公里的费用	0.0640	0.0410	0.0220	0.0180	0.0160
每车/千米的二氧化碳排放量	0.1531	0.1108	0.0662	0.0521	0.0444

资料来源：Ecorys。

表D.24给出了红河三角洲走廊1从始发地到目的地每次贸易的运输成本。所以船只是2类船只，平均装载量为500吨。对应的公路运输成本表，卡车重15吨，负载系数为50%（对国内利益相关者的采访数据证实了这一点）。

同样，根据所有船只的平均时速为9千米，可以推算出始发地—目的地的中转时间（见表D.25）。对公路运输来说，卡车的时速平均为40千米，对公路运输商的采访和这一数字一致。

就卡车运输来说，可以做出所有红河三角洲、湄公河三角洲和南北贸易轴走廊的类似表D.24和表D.25的图表。

不同于三角洲内陆水运成本的差别源自所用船只大小的不同。湄公河三角洲所用的内陆水运船只平均小于红河三角洲的船只。这是因为南部的河道较浅（包括由众多小型运河组成的河道网），还有众多的小型私人运营商的参与，他们提供的船只都较小。本书认为红河三角洲的走廊1使用2类（500吨）船只，湄公河三角洲的走廊使用3类（300吨）船只。

表D.24　　走廊1始发地—目的地的公路和内陆水运的运输成本

	Hanoi	Vinh Phuc	Bac Ninh	Hai Duong	Haiphong	Hanoi	Phu Tho
内陆水运成本（美元/吨）							
Hanoi	n. a.	2.8	4.0	3.9	4.5	5.2	3.3
Vinh Phuc	2.8	n. a.	4.4	4.2	4.9	5.6	2.5
Bac Ninh	4.0	4.4	n. a.	3.2	4.8	4.6	4.9

续 表

	Hanoi	Vinh Phuc	Bac Ninh	Hai Duong	Haiphong	Hanoi	Phu Tho
Hai Duong	3.9	4.2	3.2	n. a.	3.7	4.5	4.7
Haiphong	5.3	4.9	3.9	3.8	n. a.	2.7	5.4
Quang Ninh	5.2	5.6	4.6	4.5	2.7	n. a.	6.1
Phu Tho	3.3	2.5	4.9	4.7	5.4	6.1	n. a.
公路运输成本（美元/吨）							
Hanoi	n. a.	9.0	5.2	11.0	20.3	26.2	12.9
Vinh Phuc	9.0	n. a.	11.3	18.9	28.2	32.2	5.0
Bac Ninh	5.2	11.3	n. a.	12.0	20.6	22.7	15.3
Hai Duong	11.0	18.9	12.6	n. a.	10.3	18.8	22.9
Haiphong	20.3	28.2	20.6	10.3	n. a.	11.0	32.2
Quang Ninh	26.1	32.2	22.7	18.8	11.0	n. a.	36.1
Phu Tho	12.9	5.0	15.3	22.9	32.2	36.2	n. a.

注：横排是始发地，竖排是目的地；n. a. 指不适用。

资料来源：Ecorys。

表 D.25 走廊 1 始发地—目的地的公路和内陆水运的中转时间

	Hanoi	Vinh Phuc	Bac Ninh	Hai Duong	Haiphong	Hanoi	Phu Tho
内陆水运（小时）							
Hanoi	n. a.	28.9	36.3	35.7	39.8	44.2	32.0
Vinh Phuc	28.9	n. a.	38.8	38.1	42.2	46.7	27.1
Bac Ninh	36.3	38.8	n. a.	31.8	35.7	40.3	41.9
Hai Duong	35.7	38.1	31.8	n. a.	35.2	39.7	41.2
Haiphong	39.8	42.2	35.7	35.2	n. a.	28.4	45.3
Quang Ninh	44.2	46.7	40.3	39.7	28.4	n. a.	49.8
Phu Tho	32.0	27.1	41.9	41.2	45.3	49.8	n. a.
公路（小时）							
Hanoi	n. a.	13.1	12.6	13.4	14.6	15.4	13.6
Vinh Phuc	13.1	n. a.	13.4	14.4	15.7	16.3	12.5
Bac Ninh	12.6	13.4	n. a.	13.5	14.7	15.0	14.0
Hai Duong	13.4	14.4	13.5	n. a.	13.3	14.4	15.0
Haiphong	14.6	15.7	14.7	13.3	n. a.	13.4	16.3
Quang Ninh	15.4	16.3	15.0	14.4	13.4	n. a.	16.8
Phu Tho	13.6	12.5	14.0	15.0	16.3	16.8	n. a.

注：横排是始发地，竖排是目的地；n. a. 指不适用。

资料来源：Ecorys。

卡车也有区域差异，和红河三角洲地区相比，湄公河三角洲地区的车辆相对较小。按照对利益相关者的采访，红河三角洲的标准卡车为 15 吨，湄公河三角洲的标准卡车为 10 吨，本书也持此观点。和运输成本不同，中转时间不受车辆和船只大小的影响，因为不同类别的车辆运行速度一样。

对南北轴来说，公路运输成本反映的负载系数较高，15 吨卡车的负载系数为 75%，运输商证实了这一点，这也和国际经验相吻合，一般来说，长途运输的负载系数会更好地得到优化，对集装箱运输更是如此。沿海航运的集装箱运输船只载重量大小为 400～2000 标准集装箱，这些船只在沿海集装箱贸易中很常见，对应 7200～36000 载重吨。目前，越南集装箱船只大小为 600～1100 标准集装箱，平均大小为 800 标准集装箱（数据是根据越南国家航运公司的运输数据得来的）。这些船只主要往来于胡志明市和海防市的双程运输，有时候岘港也有北向的运输需求。偶尔南部地区的 Phy To、芹苴和北部地区的广宁也有运输需求，所用船只较小。

表 D. 26 列出了北部地区海防市和南部地区胡志明市之间的集装箱运输成本，这些成本包括装卸货费用，一般从 400 标准集装箱的每吨 29. 1 美元到 2000 标准集装箱的每吨 22. 4 美元不等。所有码头的双程运输都面临船舶出港时的吃水问题。因此旨在增加码头容纳性的措施将会影响所用船只的规模，这也会降低运输成本。

表 D. 26　　集装箱运输的运费以及运营数据

船只大小（载重吨）	装载量（集装箱）	运费（美元/吨）	中转时间（天）	匹配时间（天）	行船千米数
7200	400	29. 1	4	4	0. 043
10800	600	27. 0	4	4	0. 059
14400	800	25. 7	4	4	0. 073
18000	1000	24. 8	4	4	0. 087
21600	1200	24. 1	4	4	0. 100
25200	1400	23. 6	4	4	0. 112
28800	1600	23. 1	4	4	0. 124
32400	1800	22. 7	4	4	0. 136
36000	2000	22. 4	4	4	0. 147

资料来源：Ecorys。

（二）测试红河三角洲和湄公河三角洲所应用的运具分配模型

可以用红河三角洲和湄公河三角洲地区对内陆水运和卡车运输所做的选择测试

logit 模型。根据式（1），可以用内陆水运船只和卡车的运输费用来解释运具分配模型。综上所述，不能按照货物类型进一步细分不同运输方式的货流，这样就不能区分高价值和低价值货物了，包括具体货物的解释变量。这就要求取均值，因为前面解释过了，均值对本研究所做的初步估计已足够。

定期航运的服务质量可以产生 Mohring 效应，这和交通堵塞成本是相反的。更大的运量会提高运输频率，降低货主的存储费用。运输量越大，运输频率越高，Mohring 效应越大。只有货运量较大时才会有 Mohring 效应，但是随着运输频率的增加，Mohring 的边际效应会降低。为了说明这点，用到了全部运输量的对数。应该指出的是，内陆水运的工业货物（主要是大宗货物）的 Mohring 效应会受到限制，对沿海航运服务来说，包括高频率的船运服务（12 周的服务），目前的服务水平已经能看到 Mohring 效应了，增加服务频率不会有较大的价值。为了说明这点，用到了等同于全部货运量对数的指数。

测试了三种模型：①只有运输成本；②运输成本和 Mohring 效应；③运输成本、中转时间和 Mohring 效应。根据 R^2 和 t 值，这些测试结果令人失望。在这三种测试中，成本变量有负值，但系数值没有显著差异。时间变量差异显著，但是正负值不对，Mohring 效应在两种测试中的正负值不对。这样的结果是因为分析行业的可得数据有限。还有另一种方法可以获得使用于越南的 logit 模型的系数。

（三）系数

包括运具分配系数在内，关于内陆水运的运具分配模型的文献很少。荷兰交通规划的具体做法是，用价格需求弹性来评估对某种运输方式需求的增加对价格的影响。需求弹性是在总计的基础上获得的，基于对过去研究的回顾，而非基于内陆水运的运具分配模型。Lobe（2002）用 SP 分析法研究了一些西欧货运河道的运具分配情况，但是没有评估统计拟合。

本报告用上面的研究结果来分析价格变化对运具分配模型的影响。具体来说，报告使用 -0.26 的值，介于 -0.3 ~ -0.22 之间。考虑到越南还是中低收入国家，不是发达工业国家，要使用不同的系数值。比如，相对贫乏的资本和消费者商品，以及不易获得性，都会带来高需求弹性，这样导致绝对系数值偏高。相反，也可以说，物流服务水平不高可以使得运输方式的转变对价格变化不敏感，这意味着较低的绝对系数值。这两种观点都值得思考。所以说选择上述的系数 -0.26 是恰当的。运具分配模型所衡量的政策和基础设施干预项目均能降低运输成本。因此，其他和成本无关的系数与本研究无关。只用一个系数的优势在于模型清晰简单。

五、较低的运输成本对运具分配的影响

（一）红河三角洲和湄公河三角洲运输方式的竞争

本研究衡量了旨在降低内陆水运和沿海航运运输成本的干预措施对运具分配的影响，为方便说明，下面举了一些例子，由于一揽子的假设措施，红河三角洲地区走廊 1 的船只普遍升了一级，从 500 吨的 2 类船只升级为 700 吨的 1 类船只。

表 D. 24 列出了内河和公路运输货流情况，这也反映了内陆水运 500 吨的 2 类船只和公路运输 15 吨的卡车之间的竞争。船只和卡车的运行性能在文中有描述。假设采取了一系列措施，使得船只的平均大小由 2 类升为 1 类，那么内陆水运成本的基线会下降到表 D. 27 给出的水平。

表 D. 27　　走廊 1 的 1 类船只从始发地到目的地之间来回的内陆水运成本

单位：美元/吨

	Hanoi	Vinh Phuc	Bac Ninh	Hai Duong	Haiphong	Hanoi	Phu Tho
Hanoi	n. a.	2. 7	3. 7	3. 6	4. 2	4. 8	3. 1
Vinh Phuc	2. 7	n. a.	4. 1	4. 0	4. 6	5. 3	2. 4
Bac Ninh	3. 7	4. 1	n. a.	3. 1	3. 6	4. 3	4. 4
Hai Duong	3. 6	4. 0	3. 1	n. a.	3. 6	4. 2	4. 5
Haiphong	4. 2	4. 6	3. 6	3. 6	n. a.	2. 6	5. 0
Quang Ninh	3. 8	5. 2	4. 3	4. 2	2. 6	n. a.	5. 6
Phu Tho	3. 1	2. 4	4. 5	4. 6	5. 0	4. 6	n. a.

注：横排是始发地，竖排是目的地；n. a. 指不可得。

资料来源：Ecorys。

比较表 D. 24 和表 D. 27 会发现，实施这样的干预措施会降低驳船运输成本。举例来说，从河内到胡志明市的货运成本从每吨的 4. 5 美元降到了 4. 2 美元，每吨降了 0. 3 美元。内陆水运量和公路运输量的比例为 5640/2200 = 2. 564，取对数为 0. 942。内陆水运成本的降低使得货流也发生了变化，见式（5）。式（5）的右边增加了 $\alpha_1 \times (-0.3) = (-0.26) \times (-0.3) = 0.078$。公式右边增加到（0. 942 + 0. 078） = 1. 02。因为后者是用对数形式表示，得到理想的比率必须计算 exp（1. 02） = 1. 02，这是内陆水运货流和公路运输货流的新比率。内陆水运和公路运输的总量为 5640 + 2200 = 7840，由于运输走廊的改进，假设运输总量不变，新比率的结果是内陆水运的货运量每天增加 5761 吨，公路运输的运量每天增加 2079 吨，这样内陆水运的份额相对于公路运输来说就增加了。

当上面的情况运用到两大三角洲的所有运输走廊时，估计到目标年 2020 年和 2030 年，全部内河货运的船只会升级一个类别。升级结果见表 D. 28 和表 D. 29。

表 D. 28 红河三角洲船只升级和没有升级情况下的内陆水运量 单位：吨/天

年份	走廊 1			走廊 2			走廊 3		
	没有升级	升级	%Δ	没有升级	升级	%Δ	没有升级	升级	%Δ
2008	225671	226819	0.5	19890	20000	0.6	62176	62922	1.2
2020	304726	307306	0.9	378858	38223	1.0	81096	82261	1.4
2030	370606	374229	1.0	528832	53375	1.0	96862	98359	1.5

资料来源：Ecorys。

表 D. 29 湄公河三角洲船只升级和没有升级情况下的内陆水运量 单位：吨/天

年份	走廊 1			走廊 2		
	没有升级	升级	%Δ	没有升级	升级	%Δ
2008	115810	117074	1.1	23452	23617	0.7
2020	231839	236375	2.0	45961	47711	3.8
2030	328529	335696	2.2	64719	67705	4.6

资料来源：Ecorys。

内陆水运量增幅不大，原因是在从始发地到目的地的航线上，一种运输方式的运量通常不是大大高于就是大大低于另一种运输方式。换句话说，在从始发地到目的地的过程中，不是公路运输就是内陆水运占据绝对控制地位。当 logit 曲线比较陡时，价格变化总是发生在 logit 曲线的高点或低点，而不是在中间。这也就是说，相对于公路运输，内陆水运的运量较大，所占市场份额也就没有上涨的空间；如果相对公路运输来说，内陆水运的运量较小，增加的空间也不大。

（二）南北轴港口改进的影响

在南北轴上，本报告评估了红河三角洲和湄公河三角洲各省之间公路运输集装箱货物的竞争。在这条走廊上，货物可以由 15 吨卡车通过公路从始发地运往目的地，也可以在海防市和胡志明市之间的海港之间通过海船运输，但是在沿海运输的两端还需要卡车短途运输。

在南部地区和北部地区之间的集装箱运输成本已在表 D. 26 中列出，使用大型船只可降低运输成本。目前，船只平均大小为 800 标准集装箱，如果船只大小能从 800 集装箱增加到 1000 标准集装箱，那么运输成本可从每吨 25. 7 美元降到 24. 8 美元，每吨降低 0. 91 美元。但是，一半的运输费是码头装卸费。对 800 集装箱的船只来说，每只集装箱的全部费用为 371 美元，这包括在港口的装货和卸货费用 182 美元。如此说来，降低港口装卸货费用对于提高沿海航运的成本竞争性非常重要。举例来说，提高装卸货物效率可降低 10% 的装卸货费用，也就是每只集装箱可节约 18.2 美元，这可以从总体上降低沿海航运的运输成本，每吨可降低 1.82 美元。

为了说明降低装卸集装箱的成本对南北轴运输的影响，可以从评估从始发地到目的地的交通开始，比如，在北部地区河内和南部地区的 Binh Duong。在 2008 年，在这条线上，每天的双方向公路运输量为 214 吨，每天的双方向沿海航运量为 384 吨。沿海航运和公路运输的比率为 1.794。沿海航运的运输成本每吨降低 1.82 美元会改变物流比率，如式（5）所示。具体说来，式（5）的右边的变化为 $\alpha_1 \times (-1.82) = (-0.26) \times (-1.82) = 0.473$。式（5）左边的利率变化是用对数表示的，新的比率是用原来的比率 1.794 乘以 exp（0.473） = 2.88。这条航线上的每天货运量为 214 + 384 = 594，按照新的比率，沿海航运的货运量为 444，公路运输为 154。把这个公式应用到整个走廊，在这种假设下，沿海航运的货运量会增加 6.8%，公路运输量将下降 13.7%。表 D.30 列出了这种变化。

本节的其余部分以表格形式提供了运具分配模式的具体内容，这些表格包括内陆水运、公路运输和沿海航运的运营成本。

表 D.30　　假设港口装卸货费用降低 10%对南北贸易造成的影响

运输方式	成本不变	成本有变化	% Δ
公路	10965	9459	-13.7%
沿海运输	22208	23714	6.8%
全部	33173	33173	0

资料来源：Ecorys。

（三）海洋运输成本和时间

南部地区和北部地区所用的集装箱船只大小从 600 标准集装箱到 1200 标准集装箱不等。很多这些船只运载二手集装箱。本书呈现的成本计算数据来自 Veldman（2011），集装箱运输的统计数据来自和越南国家航运公司高管的访谈。数据是 2008 年的情况。

集装箱服务的成本和运营情况是由船只情况和船只航行环境决定的。

- 船只自重和装载标准集装箱数量；
- 设计速度和实际运行速度；
- 主要发动机功率和燃料消耗情况。

通过使用英国劳氏船级社的 2008 年数据，改变船只大小和速度，对应的成本和运营数据也会随之作出调整。

根据式（6），集装箱轮船的价格由船只大小（S）决定，船只大小视标准集装箱的装载量而定，船只的设计航行速度，单位为海里/小时。

β_1 值为 0.677，意味着船运价格的增加和船只大小的增加不成比例，β_2 的值为 0.249。装载量为 1000 标准集装箱的船只，设计船速 14.4 海里/小时，2008 年的价格大约为 2500 万美元。本书分析了装载量从 400～2000 标准集装箱的船只，每只集装箱 18 载重吨。回归分析的结果都是在这个范围内。

$$P = \beta_0 S^{\beta_1} V^{\beta_2} \tag{6}$$

表 D.31 第 3 栏列出了新的船只价格。

表 D.31　　主要的成本构成

船只大小（TEU）	速度（海里/小时）	新价格（百万美元）	和资本相关的费用（百万美元）	员工费用（百万美元）	包括日常管理费在内的全部费用（美元/天）	发动机功率（千瓦）	燃油量（吨/天）	燃油费（美元/天）
400	15.4	13.1	2.6	0.2	12508	5190	16	9207
600	16.5	17.2	3.4	0.2	15546	7584	23	13454
800	17.3	20.8	4.1	0.2	18662	9925	30	17608
1000	18.0	24.2	4.8	0.2	21529	12229	38	21695
1200	18.6	27.4	5.4	0.2	24212	14503	45	25729
1400	19.1	30.3	6.0	0.2	26750	16752	51	29720
1600	19.6	33.2	6.5	0.2	29171	18981	58	33674
1800	20.0	35.9	7.1	0.2	31493	21192	65	37596
2000	20.3	38.5	7.6	0.2	33732	23387	72	41490

资料来源：Ecorys。

式（7）给出了船速和船只大小的关系。假设 r_1 的值为 0.174，这意味着大型船只的设计船速会稍微快些。在本书讨论范围之列的船只设计船速范围为 15.4～20.3 海里/小时。具体见表 D.31 的第 2 栏。

$$V = r_0 S^{\gamma_1} \tag{7}$$

式（8）是发动机功率（千瓦）和船只大小和速度的关系。估计 δ_1 的值为 0.586，δ_2 的值为 2008，这个结果和其他研究结果相吻合。1000 标准集装箱船只的功率为 12229 千瓦。表 D.31 第 7 栏列出了其他船只的发动机功率。

$$kW = \beta_0 S^{\delta_1} V^{\delta_2} \tag{8}$$

如果发动机的速度达到设计速度的 80%，每千瓦每小时消耗的燃料为 160 克。1000 标准集装箱每天消耗的燃料为 37.6 吨（见表 D.31 的第 8 栏），2008 年，重燃油（HFO）的价格为每吨 550 美元。

主要的设计参数为所用船只的大小和速度。相关的成本和操作参数可从上面的统计关系获得。

货物在港口停滞的时间取决于装卸货的时间，这又取决于诸如吊车的操作性能，使用的吊车数量，船上集装箱的分部等因素，货物装卸的速度可以表示为：

$$H = \varepsilon_0 S^{\varepsilon_1} \tag{9}$$

装卸货速度 H 考虑每天装卸的集装箱数量。ε_1 的值为 0.33，基于使用的吊车数量和船只的长度成正比。

基于以下假设估计和成本相关的资本：

- 资本成本——15 年的经济寿命以及 12% 的利息，年金为 14.7%；
- 保险费——新价格的 2%；
- 保养、维修费用——新价格的 3%；
- 所有和资本相关的费用达到 19.7%，见表 D.31 的第 4 栏；
- 每年的人工费——20 万美元，和船只大小无关；
- 管理费——年度固定成本的 35%（每天的全部固定费用见表 D.31 的第 6 栏）；
- 重燃油价格——每吨 55 美元；
- 燃油附加费——全部油价的 5%（每天在海上的全部燃油费见表 D.31 的最后一栏）。

海防市和胡志明市之间双程路线的运行情况：

- 两个码头双程路线的港口数量为四个；
- 双程距离为 1700 海里（海上时间见表 D.31 第 2 栏）；
- 在港口的固定时间为每一单 3 个小时，这样双程的固定时间就是半天；
- 在港口的不确定时间：取决于每小时处理 15 个集装箱货物的速度，这等同于一辆吊车每小时处理 20 个标准集装箱，吊车的工作效率从处理 400 标准集装箱船只需要 2 台吊车，到处理 2000 标准集装箱船只需要 3 ~ 4 台吊车不等。在港口的不确定时间见表 D.32；
- 每年的非工作时间为 15 天；
- 每只标准集装箱的吨数空集装箱为 12，装货的集装箱为 1；
- 船只装货情况单程为 90%（集装箱的装货情况为 70%）；
- 最大的双程时间为 7 天，要保证定期航班，就要有延缓时间，见表 D.32 的第 6 栏；
- 码头装卸费用，每次 109 美元，是西欧的 90%。这等于每个装货集装箱为 102.5 美元；
- 双程的码头泊位费为 220 美元，船位费从 400 标准集装箱的 75 美元到 2000 标准集装箱的 376 美元不等，见表 D.33 的第 3 栏。

表 D. 32　往返航程的时间和相关成本

船只大小（TEU）	海上时间（天）	在港口时间（固定天数）	在港口时间（不固定天数）	延缓时间（天）	全部天数（天）	每天成本（美元）		往返成本（美元）	
						码头	海上	码头	海上
400	4.6	0.5	0.9	1.0	7.0	12518	21265	29942	97992
600	4.3	0.5	1.2	1.0	7.0	16218	28999	43884	124529
800	4.1	0.5	1.4	1.0	7.0	19543	36270	56977	148148
1000	3.9	0.5	1.7	0.9	7.0	22614	43224	69449	169828
1200	3.8	0.5	1.9	0.8	7.0	25498	49941	81434	190090
1400	3.7	0.5	2.1	0.7	7.0	28236	56470	93022	209252
1600	3.6	0.5	2.3	0.6	7.0	30854	62845	104274	227526
1800	3.5	0.5	2.5	0.5	7.0	33373	69089	115238	245060
2000	3.5	0.5	2.6	0.4	7.0	35807	75222	125948	261967

资料来源：Ecorys。

表 D. 33　胡志明市往返海防的沿海航运的成本因素

船只大小（TEU）	往返航程的费用（美元）	码头费用（美元）	海上运程的全部费用（美元）	每只已装货集装箱费用（美元）	装卸货费用（美元）	海运费		燃油量（吨/行船海里）	燃油费（千克/船・千米）
						TEU	吨		
400	127934	295	128229	254	182	436	29.1	0.0432	23.3
600	168413	333	168746	223	182	405	27.0	0.0588	31.8
800	205124	370	205495	204	182	386	25.7	0.0733	39.6
1000	239276	408	239684	190	182	372	24.8	0.0868	46.9
1200	271524	446	271970	180	182	362	24.1	0.0998	53.9
1400	302274	483	302757	172	182	354	23.6	0.1122	60.6
1600	331800	521	332321	165	182	347	23.1	0.1242	67.1
1800	360298	558	360856	159	182	341	22.7	0.1358	73.3
2000	387914	596	388510	154	182	336	22.4	0.1472	79.5

资料来源：Ecorys。

每个集装箱的运输费用见表 D. 33 的第 7 栏，每吨的费用见第 8 栏，可用作运具分配的计算。表 D. 33 第 9 栏列出了车辆行程的燃油消耗情况（单位为吨），第 10 栏列出了每船・千米的相关燃油消耗量（单位为千克）。后者可用来估计排放量的变化情况。

（1）大小：用集装箱数量来表示船只大小；

（2）双程的费用：包括在港口和在海上的全部费用；

（3）港口费用：包括船位费和泊船费；

（4）全部海上运程费用：双程的费用（2）+港口费用（3）；

（5）每个装货的集装箱费用：全部的费用（4）可分为船只大小（1）和假设的装货情况（假设为 90%）；

（6）装卸货费用：假设装货情况为 90%，每个集装箱；箱/标准集装箱的比率为 0.75；

（7）海洋运费：

- 标准集装箱——装货费用（5）+装卸货费用（6）
- 吨数——每个标准集装箱/吨数

（8）车辆行程的燃料，单位为吨：每天的燃料 × 在海上的天数/运距（单位为海里）；

（9）每船舶行程的耗油量，单位为千克：每海里的车辆行程（8）×1000/千米数（1.852）。

（四）港口改进项目的影响

表 D.33 的数字显示全部运费的很大一部分是码头装卸费。对 800 集装箱的船只来说，每只集装箱的海上运费是 386 美元，每吨 25.7 美元。每只集装箱的港口装卸费为 182 美元，这是海上运费的一半，折算成每吨 12.1 美元。

增加船只的容量可以降低沿海船运费用。用 1000 集装箱的船只代替 800 集装箱的船只，每吨的运费可以降低 0.9 美元，800 集装箱船只每只集装箱的运费为 204 美元，1000 集装箱船只每只集装箱的运费为 190 美元，见表 D.33 的第 5 栏。如果每只集装箱重 10 吨，这就等于每吨的运费节约了 0.9 美元。另外，也可以通过提高港口效率降低集装箱装卸费用。比如，如果装卸货物的效率提高 10%，港口装卸货费用每吨降低 1.82 美元。

通过使用多式联运设施也可以提高货物装卸效率。此措施不仅重视基础设施，同样重视海运、国际运输、在港口中转的货物以及内陆水运的互动。要想知道这些措施具体节约了多少成本很困难，每单的装卸费应该节约 5%，等于每吨节约了 0.61 美元。

（五）公路运输费用

公路运输费用是基于对公路运输公司、卡车运输客户的采访得出的［Royal Haskoning 等（2008），Louis Berger Group 和 Royal Haskoning（2006），以及日本国际协力机构（2009）］。

卡车运营商在南北轴上提供运输服务，双程运距为 4000 千米，卡车是 15 吨的二手卡车，服务价格为16亿越南盾，利率为12%，剩下的经济寿命为十年，每年的资本成本为2.83亿越南盾。保险费、保养维修费、人工费以及伙食费见表D.34。2012年，卡车的年固定成本估计为8.93越南盾。

表D.34　　南北轴上15吨卡车的运费（2012年的价格）　　单位：越南盾

费用类别	费用
二手价格	1600000000
年度资本费用	283174663
卡车保险	6000000
货物保险	400000000
保养和维修	140000000
人工费	25600000
伙食费	38400000
全部的年度费用	893174663

资料来源：Ecorys。

2008年，100千米的燃油量为32.5升，每升的价格为0.5美元。这些船只平均每月运行三次。2012年，在南北轴上每次航线的成本为2500美元。航线双方向的平均负载系数为0.75，每吨货运的运输成本为110.5美元。

在红河三角洲地区，在短途运输航线上，运营商每周要进行三次双程的运输，双方向的负载系数为50%，每吨货运的运输成本累计为27.5美元（假设使用的是15吨的卡车）。平均运速为50千米/小时。

湄公河三角洲的公路基础设施不及红河三角洲，据报道湄公河三角洲使用10吨的卡车。基于对红河三角洲的研究数据，表D.35列出的成本已根据其他卡车类型作了调整（见表D.36）。

对三角洲地区公路和内陆水运所做的运具分配模型，每吨·公里的成本是用作初始值来计算从始发地—目的地航线上每吨的费用。

表D.35　　南北轴和红河三角洲每吨的卡车运费　　单位：美元

费用类别	南北轴	红河三角洲
每次运输的固定费用	1630	348
燃油费	837	63
润滑油	19	1

续　表

费用类别	南北轴	红河三角洲
每次运输的全部费用	2487	412
每吨的全部费用	1105	27.5

资料来源：Ecorys。

表 D.36　　三角洲地区的卡车运费

	卡车大小（吨）				
	3	5	10	15	20
发动机功率（马力）	37	44	55	74	92
每吨·公里的费用（美元）	0.45716	0.32950	0.20594	0.18315	0.17175
燃油量［升/（吨·公里）］	0.05417	0.03865	0.02416	0.02167	0.02020
排放量［千克/（吨·公里）］	0.15158	0.10815	0.06760	0.06063	0.05654
燃油量［升/（吨·公里）］	0.163	0.193	0.242	0.325	0.404

资料来源：Ecorys。

（六）内陆水运成本

内陆水运成本是基于 Louis Group 和 Royal Haskoning（2006）的信息，以及对内陆水运运营商和内陆水运使用者的采访做出的。也评估了五类自推驳船的运输费，驳船大小为 50 ~ 703 吨。设计时速为 10 千米，发动机功率为 76 ~ 310 马力。这些船只的价格在 2008 年为 23000 ~ 134000 美元，利率为 12%，经济寿命为 15 年，年金值为 14.7%，年度保险费为 1.5%，维护维修费为 1.5%。全部的年度成本为 4400 ~ 25600 美元。每天的固定成本是基于 300 天做出的，详见表 D.37。

设计时速为 10 千米的船只燃油量为每马力每小时 0.2 升，每小时 15 ~ 62 升。5 名员工每天的人工费为 74 美元。

每天的运营时间为 24 小时，这意味着夜间航行也是可行的。每次航行的货运量为船只装载量的 90%，在港口的装卸时间为固定的 4 小时，货物装卸率为每小时 40 吨。每小时的航速为 9 千米，这也考虑到了河道的急转弯。假设每升燃油重 0.88 千克，每升的油价为 0.2 美元，润滑油增加了 5% 的成本。

表 D.38 给出了五类船只（50 ~ 700 吨）的运营费用。这些数据是计算五类船只运输成本的初始值。这些运输成本又用在运具分配模型用来评估河道升级带来的影响。比如，使用大型船只会降低每吨的运输成本，这会导致公路运输和内陆水运之间的转变，转变程度可由 logit 公式算出。

表 D. 37　　自推船的船舶参数和资本费用

			最大运河分类				
			5	4	3	2	1
船舶大小		吨	50	100	300	503	703
设计时速		千米/小时	10	10	10	10	10
船舶尺度	长	米	19	27	37. 5	47. 0	52. 0
	宽	米	4	4. 8	7. 2	8. 5	8. 5
	最大吃水深度	米	1. 2	1. 35	1. 9	2. 1	2. 7
	干舷	米	0. 5	0. 5	0. 5	0. 5	0. 5
发动机功率		马力	76	110	197	260	310
新值		千美元	23	36	76	107	134
使用期限		年	15	15	15	15	15
利息率（%）			12. 0	12. 0	12. 0	12. 0	12. 0
年金（%）			14. 7	14. 7	14. 7	14. 7	14. 7
维护维修费（%）		新	3. 0	3. 0	3. 0	3. 0	3. 0
保险（%）		新	1. 5	1. 5	1. 5	1. 5	1. 5
和资本相关的费用		千美元/年	4. 4	7. 0	14. 5	20. 5	25. 6
固定日常费用		美元/天	14. 7	23. 3	48. 4	68. 3	85. 4

资料来源：Ecorys。

表 D. 38　　和资本无关的成本以及运营数据

		船舶大小（吨）				
		50	100	300	503	703
燃油相关的费用						
发动机功率	马力	76	110	197	260	310
燃油量（设计时速）	升/小时	15	22	39	52	62
设计时速	千米/小时	10	10	10	10	10
员工费用						
员工数量	人	5	5	5	5	5
员工费用/年	千美元	26	26	26	26	26
员工费用/天	美元/天	87	87	87	87	87

续　表

		船舶大小（吨）				
		50	100	300	503	703
运营数据						
每天的运营时间	小时	24	24	24	24	24
双程的货物量	吨	45.0	90.0	270.0	452.7	632.7
码头时间	小时	6.3	8.5	17.5	26.5	35.6
设计时速	千米/小时	10	10	10	10	10
运营速度	千米/小时	9	9	9	9	9
燃油量	升/小时	11.1	16.0	28.7	37.9	45.2
燃油量	千克/小时	9.8	14.1	25.3	33.4	39.8
二氧化碳排放量	千克/小时	31.0	44.9	80.4	106.1	126.5
燃油费用	美元/小时	1.2	1.7	3.0	4.0	4.7
固定日常费用	美元/天	14.7	23.3	48.4	68.3	85.4

资料来源：Ecorys。

表 D. 39 列出了按船只大小和航程距离的耗油量数据。这些数据被用于运具分配模型，用于计算不同类型船只的燃油费，也就是每吨货物的燃油费。燃油费可用来估计干预措施带来的船舶规模升级或由公路运输向内河航运转移造成的影响，这可以降低整体的运费。值得注意的是，表中的成本数字只是运营成本，不包括和排放量、安全以及其他外部影响相关的外部费用。

同样地，表 D. 36 列出的是公路运输成本数据，表 D. 39 列出的是从始发地到目的地往返的每吨货物的运费，表 D. 40 列出的是用于计算运费的其他基本数据。

表 D. 39　　按照船只大小和航程距离统计的运营数据、成本和排放量

航程距离（千米）	船舶大小（吨）				
	50	100	300	503	703
往返航程的航行时间（小时，假设 24 时通航）					
100	22.2	22.2	22.2	22.2	22.2
150	33.3	33.3	33.3	33.3	33.3
200	44.4	44.4	44.4	44.4	44.4
250	55.6	55.6	55.6	55.6	55.6
往返航程的燃油量（升）					
100	246	356	638	842	1004

续 表

航程距离（千米）	船舶大小（吨）				
	50	100	300	503	703
往返航程的燃油量（升）					
150	369	535	957	1264	1507
200	492	713	1277	1685	2009
250	616	891	1596	2106	2511
往返航程的费用（美元）					
100	123	178	319	421	502
150	185	267	479	632	753
200	246	356	638	842	1004
250	308	446	798	1053	1256
往返航程的航行时间（天）					
100	1. 8	1. 9	2. 5	3. 1	3. 6
150	2. 5	2. 6	3. 2	3. 7	4. 3
200	3. 2	3. 3	3. 9	4. 4	5. 0
250	3. 9	4. 0	4. 6	5. 1	5. 7
往返双程的费用（美元）					
100	303	389	654	894	1124
150	435	555	908	1213	1495
200	567	720	1161	1531	1866
250	699	886	1415	1849	2236
每吨的费用（美元）					
100	6. 7	4. 3	2. 4	2. 0	1. 8
150	9. 7	6. 2	3. 4	2. 7	2. 4
200	12. 6	8. 0	4. 3	3. 4	2. 9
250	15. 5	9. 8	5. 2	4. 1	3. 5
每吨·公里的费用（美元）					
100	0. 067	0. 043	0. 024	0. 020	0. 018
150	0. 064	0. 041	0. 022	0. 018	0. 016
200	0. 063	0. 040	0. 022	0. 017	0. 015
250	0. 062	0. 039	0. 021	0. 016	0. 014
燃油量［千克/（吨·公里）］	0. 0482	0. 0348	0. 0208	0. 0164	0. 0140
二氧化碳排放量［千克/（吨·公里）］	0. 1531	0. 1108	0. 0662	0. 0521	0. 0444

资料来源：Ecorys。

表 D. 40　基本数据

2012 年汇率	21000 越南盾/美元
2008 年汇率	16300 越南盾/美元
美元的通胀	1050（2012—2008）
2012 年油价	1. 038095 美元/升
2008 年油价	0. 5 美元/升
利息率	14%

资料来源：Ecorys/世界银行分析；越南财政部；www. xe. net。

参考文献

[1] Brooks, M. R., S. M. Pucket, D. A. Hensher, and A. Sammons. 2011. "Understanding Mode Choice Decisions: A Study of Australian Freight Shippers". Paper presented at IAME Congress, Santiago de Chile, October 25 – 28.

[2] Feo Valero, M., L. García Menéndez, L. Sáez Carramolino, and S. Furio Prunonosa. 2010. "A Stated Preference Analysis of Spanish Freight Forwarders' Modal Choice Determinants on the Inland Leg of Maritime Shipments". Paper presented at International Association of Maritime Economists Conference, Lisbon, July 7 – 9.

[3] Henscher, D. A., and K. J. Button. 2000. Handbook of Transport Modeling. Oxford, U. K.: Pergamon.

[4] JICA (Japan International Cooperation Agency). 2009. The Comprehensive Study on the Sustainable Development of Transport System in Vietnam (VITRANSS – 2). Hanoi: JICA.

[5] Lobe, P. 2002. "Stated Preference Analysis on Mode Choice for European Freight Corridors". UNITE Case Study 7J, Mohring Effects for Freight Transport, Institute of Transport, Leeds, U. K.

[6] Louis Berger Group and Royal Haskoning. 2006. Mekong Delta Transport Infrastructure Development Project (MTIDP) Feasibility Study. Washington, DC: World Bank.

[7] Ortuzar, J. D., and L. G. Willumsen. 1990. Modelling Transport. London, U. K.: John Wiley & Sons.

[8] Royal Haskoning, SMEC, and Center of VAPO Vietnam. 2008. Northern Delta Transport Development Project Consultancy Services for Feasibility Study and Preliminary Engineering Design Final Report: Main Report. Nijmegen: Haskoning Nederland B. V.

[9] Van den Bossche, M. , J. Bozuwa, W. Spit, and K. Vervoort. 2005. Effects of User Charges on Transport of Goods. Rotterdam: Ecorys.

[10] Veldman, Simme. 2011. "On the Ongoing Increase of Containership Size". In Advances in Maritime Logistics and Supply Chain Systems. Ek Peng Chew, Loo Hay Lee, and Loon Ching Tang, Editors. Singapore: World Scientific Publishing Company.

附录 E　干预措施的详细描述

表 E.1 概述了本报告提出的干预措施。在每一个项目中，实施阶段有两种：①建立在已经实施的干预措施项之上，假定新项目会在已经实施的项目完工一年后启动；②如果新项目和正在进行的项目无关，则假定从 2014 年起开始基础设施的新项目。

就航运强度来说，越南北部的红河三角洲包括三个主要的走廊：

航道 1：广宁—海防—Pha Lai—河内—越池

航道 2：广宁—海防—宁平

航道 3：河内—带河/沥河

表 E.1　干预措施概要

序号	干预措施名称	干预措施总结	实施时间段	预计成本（美元）
1	红河三角洲走廊 1 升级	将走廊 1 从 2 类河道升级为 1 类河道	2016—2020	1.5 亿~2.5 亿
2	红河三角洲走廊 2 升级	将走廊 2 从 3 类河道升级为 2 类河道	2014—2016	1.5 亿~3.0 亿
3	红河三角洲走廊 3 升级	将走廊 3 从 3 类河道升级为 2 类河道	2013—2015	1.0 亿~2.0 亿
4	为红河三角洲延长的河道提供设施，用来服务河内的市场	在内河附近修一条内陆河道，增设货物处理设施，用来服务于往来海防和河内之间的集装箱流	2014	1000 万
5	湄公河三角洲走廊 1 升级	将走廊 1 从 3 类走廊升级为 2 类走廊	2013—2016	1.5 亿~2.5 亿
6	升级越南北部沿海航运的集装箱码头	对海防的集装箱码头进行现代化改造，用来服务于国内的集装箱运输	2014—2015	4000 万
7	向用户收费用来资助河道维护	向内陆水运运营商征税，用来弥补河道维护经费的不足	2014—持续	每吨·公里 0.0003（越南盾）

续 表

序号	干预措施名称	干预措施总结	实施时间段	预计成本（美元）
8	提升内陆水运的发动机和船队现代化	进行公共拨款用来改进发动机	2014[a]	2000 万
9	展示内陆水运作为有效物流的推动者	发起推广使用内陆水运的活动，展示这些项目来说明内陆水运的吸引力	2014—2023[a]	3000 万

注：a. 或者当资金得到充分利用时。

（一）红河三角洲走廊 1 的升级

以当前的运输量和未来的增长量来预测，最繁忙的北部走廊是走廊 1（越池—河内—Pha Lai—海防—广宁）。目前世界银行资助的三角洲北部交通开发项目（NDTDP）2014 年将此走廊从 3 类河道升级为 2 类河道，估计 2015 年中期完成。届时，此走廊所有的河道都升级为 2 类河道，包括充分的桥梁净空高度和 24 小时的通航能力（见补充材料 E. 1）。鉴于此走廊的货运量很大，将此走廊进一步升级为 1 类河道，会带来更高的社会经济效益和环境效益。在此报告的采访中，越南内河管理局证实越南政府在资助河道的基础设施开发上拨款有限，大部分的资助来自世界银行和政府发展帮助的其他渠道（ODA）。在河内航运领域，只有政府发展帮助援助资助的项目正在进行，NDTDP 是北部地区唯一正在进行的项目。因此，对走廊 1 的建议需要将河道从 2 类（升级为 2 类河道会在 NDTDP 项目完成后实现）升级为 1 类河道。

使用附录 D 中的运具分配模型是假定提升河道分类带来的结果是走廊的船只也变大。此项干预项目增大了河道的使用性，有可能促使内陆水运船只和私人船队跟着升级，在越南和其他国家已经开始这样的升级了。在整个经济尺度上，使用更大型的船只有助于降低每吨货物的运输成本。随着内陆水运竞争地位的提升，更多的货物也会从公路运输转移到内陆水运。

补充材料 E. 1

评估投资成本

对红河三角洲干预项目的投资成本是在以下的基础上做出的：

- 基于已知的越南北部河流升级项目样本的实施成本，按照 2012 年的价格，单位成本为每千米60万~110万美元。过去的成本数据也能反映实施总成本，包括详细的工程设计、建设、土地征用和安置以及处理突发事件的费用。这些项目所做的具体工作包括疏浚、拓宽、堤岸维护、弯曲河道修整、桥梁净空高度增加、河道训练，以及安装导航设施。目标走廊的工程解决方案会随着河段不同而有所变化，但是这些都是标准的扩大内陆水运能力的干预措施。

- 特定走廊的升级成本是用估计的每千米的单位成本乘以走廊的长度得出的。以走廊1为例，走廊1的长度大约为250千米，全部的投资成本约为1.5亿~2.5亿美元。

对于经济评估，上述范围的中值被用作基准值，和两端的差异值被用于敏感性分析。

资料来源：Ecorys/世界银行分析。

（二）红河三角洲河道2的升级

越南北部第二个最重要的走廊是走廊2，此走廊平行于从广宁到宁滨途经海防的海岸线。走廊2要从3类河道升级为2类河道，成本估计的做法同走廊1，走廊全程280千米，预计成本1.5亿~3亿美元。

（三）红河三角洲走廊3升级

就运量来说，走廊3（河内—带河/沥河）是北方三角洲地区第三个最重要的河道走廊。世界银行资助的NDTDP只选择部分走廊升级，尤其是通过Ninh Co的供出海船舶用的宁滨港口的升级。应考虑将此走廊的剩下未升级的河道从3类河道升级为2类河道，这也是此研究所提的建议措施。走廊3全长大约180千米，投资成本为1亿~2亿美元。

（四）红河三角洲扩展的通道

此干预措施要求开发红河三角洲河内地区为海防港口服务的多式通道。对此干预措施的投资包括改善码头墙体和装卸集装箱设备。除此之外，还应该在此航道的两段（内地港口和主码头）安装IT系统，包括硬件系统和软件系统，来提供可靠的追查服务，清关自动化服务，以及主码头和扩展通道之间的数据交换（见补充材料E.2）。

补充材料E.2

扩展的通道概念

扩展的通道是一个多式码头，是海港码头的延伸，其作用是通过承担在海港进行的一些活动来增加物流效率，这些活动包括安全扫描、通关程序、技术货物通关以及其他的行政程序。扩展的通道将海港码头和位于内地的河流码头设施连接起来，尤其是将处理集装箱物流的设施连接起来。这样做可以通过将装卸货活动转移到内地而缓解海港码头的拥堵，通过将海港和内地连接起来还可以缓解公路运输的拥堵，降低排放量。对扩展通道概念的一个关键战略要求是对用户来说内地河港和海港是一体的。关键的政府服务比如通关和安检，都是通过扩展通道完成的。如果从经济上来说可行，对这样的设施进行公共投资或公共—私人投资都具有吸引力。

对红河三角洲的走廊1来说，将走廊的集装箱货物集中起来要比船舶运营商各自开发走廊来说，内河船运服务的可行性会更高。比如，一位内陆水运运营商可能无法集中足够的货物，用32艘20英尺标准集装箱的驳船进行一周一次的运输（这种规模的船只目前可以在河道航行）。但是如果货主或者他们的中间商能将这一地区在这条航线运输的货物集中起来，就可以有更高的运输频率，这样也可能吸引内陆水运运营商提供短程往返服务。对集装箱运输来说，高频率的运输通常是为即时制造商品供应链服务的。将海港码头连接起来的扩展通道可以吸引不同的货物业主，这样就会有足够的货物来维持高频率的运输。此外，内河延伸通道可以发挥大型工业中心或人口中心集中存储货物的功能。最后，因为货物都集中了，其他服务，比如集装箱修理、存储活动都会变得可能。

资料来源：Ecorys／世界银行分析。

河内附近的Phudong港口已安装处理集装箱的设施，和扩展的通道相关的设施也已安装，比如海关设施，服务海防的扩展通道全部建成，全部投资约为1000万美元。Phudong河港已安装了部分的基础设施，还需要额外的费用主要用于集装箱处理设施、服务设施和IT系统。

通过实施扩展通道项目，可以实现装卸货成本的节约，这是基于对利益相关者关于他们对扩展通道期望的采访和总体的贸易数据做出的。利益相关者的期望是扩展通道提供的服务可以降低海防的主港口和内地港口的整体装卸货成本，这降低了主港口和内地港口之间的整体集装箱运输成本。假设每吨将节约0.61美元，详见附录D。使用运具分配模型来评估海防和河内之间的从公路运输向内陆水运转移的集装箱货运量，以及随之带来的成本节约和虽然日本国际协力机构（2009）没有说明具体的始发地—目的地之间的集装箱运输比例，但是根据当前和未来制成品在此走廊货物运输所占的比例可以做出合理的假设。假设是目前河内和海防之间的货物运输中10%为集装箱货物，其中只有4%的集装箱货物是通过河道进行运输的。估计到2020年，这两个数字分别将会增长到14%和19%；到2030年会增长到18%和32%。按照运距分配模型，到2020年，扩展的通道使得6000件20英尺标准集装箱从公路运输转移到河道（假设每个集装箱的货物重量为 12 吨，见附录 F)，到 2030 年，转移量为 17000 件 20 英尺标准集装箱。被转移的运输量由新开发的通道承担。此扩展通道的承载量为 5 万件 20 英尺标准集装箱，将来还可提高装载量。

（五）湄公河三角洲走廊 1 的升级

走廊 1（胡志明市—槟椥—美拖—永隆）是湄公河三角洲地区最繁忙的走廊。此走廊目前为三类河道，在某些地区段拥堵严重（尤其是米市运河）。这是胡志明市和湄公河三角洲之间最直接的路线，提高此走廊的可通航性可产生较大的经济和环境效益。建议的干预措施将会使走廊的 3 类河道升级为 2 类河道。河道改进从 2013 年开始，2016 年竣工。

根据过去湄公河三角洲的走廊河道升级项目的成本来估计此项目的成本。平均单位成本为每千米 23 万美元。但是这个单位成本是类别较低的河道升级项目的单位成本（比如从 4 类河道升级为 3 类河道）。从 3 类河道向 2 类河道升级成本会更高，北部地区河道升级的成本范围同样适用于南部地区。走廊 1 的全程大约为 200 千米，预计投资总成本为 1.5 亿 ~2.5 亿美元。

此项目造成的影响包括船只规模升级，从公路运输向河道运输的转变，这都会降低运输总成本及排放量，类似于前面提到的项目 1、项目 2 和项目 3。

（六）海防沿海运输集装箱码头

此项干预措施包括对海防港口现存集装箱码头之一的升级，主要是为了满足国内—沿海走廊的货物运输要求（见补充材料 E.3）。这包括对装卸货设备的投资，码头区域的重新设计，对通向码头的运河进行改造（比如，增加运河深度）。此项目也包括对海港集装箱码头的内河船只系泊设施的投资。

升级海防港口现存设施会使国内集装箱港口更高效，预计一期阶段的投资为 4000 万美元，每年的集装箱处理量为 40 万标准集装箱。此估计是基于四台龙门起重机服务两个泊位做出的，单位成本大约为 500 万美元，同时还有改进码头堆场和港口中间地带的连接性（对公路运输和内陆水运都适用）。

此项目由于能提高货物处理效率，可提高集装箱吞吐量，出海船只周转时间更快，可减少码头集装箱的停放时间，内河船只的装卸货更快。此项目带来的诸多影响最终会以港口装卸货费用降低表现出来，降低南北方贸易中的整体集装箱运费。保守估计此项目可节约 5% 的码头装卸货费用。

运用运具分配模型来估计因为整体运输费用降低所带来的从公路运输向内陆水运转移的集装箱运输量，以及节约的运费和降低的排放量。因为沿海运输集装箱货运量不可得，只用运具分配模型计算了基准年 2008 年的集装箱货运量（这是最近的能取得数据的年份）。公路—沿海运输份额在此项目的全过程一直保持不变。

补充材料 E. 3

越南的沿海集装箱运输

越南南部地区处理了大量的国际海洋运输集装箱货运量，吸引了将这一地区和世界主要东西方贸易连接起来的干线集装箱运输。但是，从另一方面来说，越南北部的集装箱运量又不大。越南南部地区和北部地区的沿海国内集装箱运输比较频繁，但是具有方向不平衡特性，南向北的运输量大于北向南的运输量。南北运输中的船只大小为 600 标准集装箱，按照对沿海集装箱运营商的访问，运费为 40 英尺集装箱 500 ~ 700 美元。虽然对公路运输对于 1700 千米的运距来说费用更高，是个劣势，但是公路运输仍是南北方沿海运输的强劲竞争对手，这可由本书所做的访问证实。影响密集使用沿海运输的一个关键障碍是在海防的装卸货相对来说很慢。

资料来源：Ecorys/世界银行分析。

（七）河道基础设施维护的收费方式

上述的干预项目几乎全部包含提供新的基础设施，此干预项目重点关注通过更好的维护越南的内河网，来增强现存资产的可持续性。此项目包含两部分。

（1）通过对河流进行及时有效的维护，确保分类河道符合标准。项目的第一部分是增加河道网通航的稳定性。目前，河道网的某些关键地段的水深程度不稳定，这迫使船舶运营商在航程中要保留承载裕度以应对不期而遇的浅水河段。只有河道情况更稳定，更容易预测，船舶运营商才能更好地装载船只，有可能使用更大的船只，增加可通航的天数。这有助于增加运输效率，降低每吨·公里的运输成本，将货物从公路运输吸引到内陆水运。

评估河道维护的经济影响很难，因为这要了解当前河道的使用和维护到底多没效率。使用运具分配模型来估计更好的维护河道网的影响，假定如下：

- 日本国际协力机构（2009）“什么都不做”场景的基础是河道维护不足，这也是目前的情况（见第四章）。这意味着预测会考虑到河道在未来不能得到充分的维护，这会降低 2020 年和 2030 年的内陆水运量。不管有没有明确表示，船舶运营商都会考虑他们成本模型中的这种不理想的结果，比起充分定期得到维护的河道，每吨·公里的价格要更高。建议的干预项目会解决效率低下的情况，因此可以降低运输成本。
- 因为河段不同，时间段不同，河道维护的不充分也不一样，这样节约运输成本的程度就很难决定了。本报告假设充分的河道维护带来的效益类似于提升有效率河道等级带来的效益。具体来说，充分资助的河道维护的收益占到全部走廊的河道升级收益的10%。换句话说，某条河道从3类河道升级为2类河道每吨·公里能节约1美元，则假设对这个3类河道进行充分的维护可以每吨·公里节约0.1美元。虽然在整个河道网进行维护的收益不可能一致，认为收益为10%的依据是，简单起见，某些河段的收益大于10%，会被某些河段小于10%的收益抵消，因此运输成本平均节约量影响着整个河道网。

（2）确保从河道使用者处得到对这些项目的充分资助，还要向船主收费。在第五章已提到，要对核心河道网进行维护，每年大约需要750万美元，这个数字是基于从越南内陆水运局得到的消息；只有50%～60%的河道维护资金到位（十年间全部河道网的维护费用的缺口大约为1.5亿美元）。第五章提出了几种向河道使用者征收河道维护费的措施，包括年度船舶注册费、运河使用费、燃油费和门面费。这些措施因执行的复杂性和征纳分配的不同而有差异，评估征税对运输成本的影响和征税类别关系不大。比如，logit模型定义始发地—目的地的广义成本函数就和这些成本在哪儿产生的无关。理论上，假设存在一个有竞争力的内陆水运市场，任何费用最终都会转移到终端使用者上，也就是货主身上，表现形式就是每吨·公里的运输费用。鉴于目前和预测的内陆水运吨·公里量，要在十年内每年征收750万美元的税收需要平均每吨·公里征收大约0.0003美元，也就是每吨·公里6越南盾（这是根据2010年的价格算出的）。

（八）发动机和船队更新

上述的干预项目目的是改善河道，此项目旨在促进船队的现代化，提高船队的燃油效率。下面的措施可以促进船队现代化：

- 通过使用更大的船只（可以装载更多的货物）扩大经济规模，这样会降低每吨·公里的排放量；
- 通过改进发动机性能提高能源使用效率，这可以使燃烧过程更有效，提高燃料的热能产出，因此减少了能源的需要量，以及与之相关的排放量。

此项干预措施建议引进刺激提高发动机效率的项目，预算为2000万美元。这样的投资规模只是一个验证概念。这种规模的资助只用于内地船队。[①]

越南内河船队有大量的小型船只（小于50载重吨）。按数量来算，大型船只占到

① 和内河运输船舶相比，建造和购买航海船舶是在国际市场进行的，因为如能和国际船舶的改进步伐一致，则更容易通过更新船队实现越南航海船舶的现代化。这也是拥有大型内河运输规模国家的经验。

了船队的10%，但是却承载全部运输量的60%。建议重点关注大型船只[①]，这样也会间接支持船只规模升级的目标。

燃料节约也会降低排放，减少运营成本，这对运营商来说是个吸引人的商业效益，运营商可能愿意共同投资。因此，假设50%的费用由船舶运营商来承担，以此确保私营行业的投入，又可以避免骑肩行为，由此平衡公共拨款。

本报告还做了如下假设：

- 改善发动机平均可节约10%的燃料，降低80%的二氧化硫和氮氧化物。这样的节约规模和欧洲的现代化项目相一致，符合莱茵河航行委员会制定的目标，也和国际海洋组织制定的海洋运输目标类似。
- 只有大型船只（500吨及以上的船只）才是本支持项目的一部分。
- 从整体上来讲，在此项目中只有5%的船队装载能力能得到提高，这是根据每艘船的平均成本和可能得到的预算得出的。因为500吨以上的船只占到了船队全部装载量的50%，在越南大约有5000艘这样的船只，此现代化项目中装载量的5%这个目标要覆盖500艘大型船只。

（九）推广和展示项目

最后一个干预项目是推广和展示项目。此项目在越南没有先例。用运具分配模型来定量地评估此项目的经济效益不实际，因此只是对此项目的效果做了一些假设。

建议发起利益相关者的推广活动，活动的主体是推广内陆水运，主要目标是和货主沟通，建立联系，向他们宣传内陆水运的优势。这可能包括市场推广活动（市场推广在荷兰被证明很有效），向货主直接提供咨询服务，为他们评估转向使用内陆水运的利益，包括投资和回报期，以及其他的关键运输模式指标。

此项活动的预算为1000万美元。此数额可以获得看得见的效果，在两三年的实验期内又可以很好地管理这笔预算，然后越南政府根据项目取得的结果，决定是否以及如何继续这个项目。

为了协同这个项目，可以使用马可波罗的概念（见补充材料E.4）资助具体的展示项目。货主会收到启动资助来将货物运输从公路转移到内陆水运，启动资助取决于转移运输的货运量。此项目的目标是在两三年内，使得货物转移变得很有经济吸引力，转移量在此期间内保持不变。具体的支付体系可以监督这种做法（比如只有在两三年内保持转移量不变，才能得到部分的资助）。通过收支平衡分析，用从公路运输转移到内陆水运的运输量做模型，使得推广项目的投入有效。

---

① 这也和船舶以及发动机的使用年限相关。虽然一般来说大型船舶的使用年数更少，但是越南船队的船舶具体情况仍不可得。

补充材料 E.4

马可波罗项目

欧盟委员会的马可波罗项目旨在将欧洲的货物运输引导至更绿色的运输方式来缓解道路拥堵以及伴随的污染。海洋航线和内陆河道都有多余的运输能力。公司能提出将货物运输从公路运输转移到更绿色运输方式的可行方案，可以申请领取马可波罗资助。此项目自从2003年开始实施以来，已有500家公司成功申请。每年，都有一批新项目符合资助的条件。

马可波罗资助运输方式直接转移项目，或者资助能使货运从公路运输转移到其他运输方式的有效且有利润的辅助项目。资助的形式是直接的补助金，此拨款不是以后需要偿还的贷款。申请者一定要满足一系列的条件才能领取补助金。

补助金在项目的关键起始阶段给予经济支持。补助金持续2~5年。项目在资助结束后在商业上是可行的。马可波罗项目的成功参与者可以进一步作为企业社会责任活动的平台。

资料来源：欧盟委员会，http：//ec. europa. eu/transport/marcopolo/about/index_en. htm.

参考文献

JICA（Japan International Cooperation Agency）. 2009. The Comprehensive Study on the Sustainable Development of Transport System in Vietnam（VITRANSS－2）. Hanoi：JICA.

附录 F　干预措施的详细影响

一、运具分配模型造成的项目在 2020 年和 2030 年的影响

（一）评估影响

本报告提出的九项干预措施已被附录 D 描述的运具分配模型和成本—收益分析法进行经济评估了。

通过下面的影响来从经济上评估每项干预措施：

● 每项干预措施的经济投资成本和实施时间表，已在附录 E 中列出。河道维护项目会一直持续下去。一旦资金全部到位，内陆水运推广项目和发动机现代化项目作为试点项目就会逐步停止。

● 每年的河道维护费用包括基础设计建设在内，占到全部投资成本的 0.5%。这和其他国家用在河道维护上的费用是一致的，也和公共开支的水平一致。这同样适用于干预措施 1 至 6。

● 改善河道或港口可以带来更低的运输时间（比如，港口装卸货更有效率），或更低的运输成本（比如，可以使用更大的船舶，这样每吨货物的运输成本更低）。这样的改进措施普遍节约运输成本。时间的改进会缩短返程时间，降低运营成本（例如，折旧费和人工费），提高内陆水运的装载效率。实施这些项目，可以有两种节约运输成本的方式。

船运规模升级节约了运输成本（主要是和内陆水运有关的项目）。但是这些项目不能节约运输时间，因为这些项目不能缩短内陆水运距离，也不能提高船舶航行速度。相反，只能期望通过船舶升级来节约运输成本。虽然运输时间的改变和运输方式的转变相关，但是大部分的变化还是和船舶升级相关，因为在越南运输方式的转变规模有限。

由公路运输转向内陆水运或沿海航运可节约运输成本。这和基础设施升级相关，也和降低水上运输成本的一揽子工程相关（比如，拓展河道、沿海航运的集装箱处理、河道维护费用和发动机的现代化）。

● 因为这些项目不会影响除此之外的物流过程，所以不能进一步节约存储成本。

● 通过船只升级、改进发动机以及将运输从公路向河道分流来实现减排。这包括减少二氧化碳排放量，以及减少当地空气污染物（包括氮氧化物和氧化硫）。因为二氧

化碳是全球污染物，所以二氧化碳的经济价值是全球性的。2010 年的价格大约为每吨 35 美元，到 2020 年可能会增长到每吨 55 美元或更高[1]。氮氧化物和氧化硫这样的地方性空气污染物需要按照当地的价格进行修正。这需要运用购买力平价比率（用越南和荷兰的购买力平价比率乘以经济值）。2012 年，氧化硫的经济成本大约为每吨 1800 美元，氮氧化物的经济成本大约为每吨 900 美元（荷兰的排放经济成本为氧化硫每吨 22300 美元，氮氧化物每吨 11500 美元，用这些数字乘以越南和荷兰的购买力平价比率就可以了，比率值为 0.08）。[2] 虽然这些比二氧化碳要高得多，但是当地污染物排放量只占二氧化碳排放量的一小部分（0.1% ~2%）。这些气体的排放量与使用的燃料类型、燃烧过程和废气处理有关。

- 从公路向内陆水运的转变也会改善交通安全，因为河道运输总体上比公路运输更安全（每吨·公里更少的事故率和死亡率）。此外，船舶规格升级会减少船运中的船只数量，这样也会增加运输安全性（更少的船只运输同样数量的货物）。不同运输方式之间的差异也是有限的。两种运输方式的安全估价每车·千米为 0.005 美元，即半美分（这是在荷兰的安全性评估基础之上做出的，荷兰的公路运输每车·千米为 0.06 美元，内陆水运每车·千米为 0.07 美元，再乘以购买力平价比率 0.08，就为修正过的越南值了）。[3] 需要指出的是，这些数字是建立在荷兰典型事故率基础之上的，因为越南的事故率不可得。

（二）在 2020 年和 2030 年干预措施造成的影响

本节介绍用运具分配模型估计每种干预措施所带来的结果。每种干预措施都列出了总览表（具体见表 F.1 至表 F.8）。主要的影响如下：

- 内河运输量的变化。由于此项目，每天从公路运输向内陆水运转移的运输量，以及增加的比重；
- 在“什么都不做”的情境下内陆水运的份额和在“项目”情境下内陆水运的份额；
- 公路和内陆水运行车千米数的变化，这反映了运输方式转变和船只升级对每天的行车千米数的影响；
- 运输成本节约：这表明每年都节约内陆水运的成本（因为此项目，使用内河的货运已变得更有效率），也节约了从公路运输向内陆水运分流的运输量成本；
- 改变二氧化碳的排放量，由于运输方式转变和船只升级带来的二氧化碳排放量

---

① 范·埃森等（2008），数值已由作者转换成了 2012 年的美元值。

② 国际货币基金组织（IMF）（2012），计算的结果为 3359 美元（2011 年越南购买力平价）/42183 美元（2011 年荷兰购买力平价）= 0.08。

③ Ecorys（2009），见附录“Kengetallen”，数据更正为越南购买力平价。

的变化，以及总体排放量的相对变化。

运具分配模型的假设是基于“理性托运人”的行为做出的。这样的话，运输方式的转变、运输需求和排放水平忽视了真实世界的情况，比如信息不对称、托运人和承运人的合同关系、长期的供应链情况以及其他形式的市场结构刚性情况或者市场失灵的情况，这都可能阻止托运人、承运人和其他的利益相关者对市场变化做出及时的调整。但是，收益成本分析是用来预估对这些干预措施投资的经济回报，根据多久能实现收益流（比如运输成本的节约和排放量的降低）做出假设（见表 F. 1）的。接下来详细解释成本收益分析方法和分析结果。

1. 红河三角洲走廊 1 的升级

走廊 1 是红河三角洲最重要的走廊。此走廊运输量很大，所以相对来说节约了不少运输成本（相对北方地区的走廊 2 和 3 来说）。在“项目”的场景下，内陆水运到 2020 年要比在“非项目”场景下的内陆水运运输量高出 0. 85%，2030 年高出 0. 98%。在“项目”场景下，内陆水运的运输份额也会上升。

表 F. 1　红河三角洲走廊 1：项目 1 在 2020 年和 2030 年估计会带来的影响

干预措施 1	2020 年	2030 年
内陆水运量的变化（从公路运输转移的运输量，吨/天）	2580	3623
和“什么都不做”的情境相比，内陆水运运输量的相对变化，%	+0. 85	+0. 98
走廊 1 的运输份额，%（什么都不做情境）	64. 6	61. 7
走廊 1 的运输份额，%（项目情境）	65. 2	62. 3
每天的车程千米数（公路运输）	-43756	-61450
每天的航程千米数（内陆水运）	-50391	-61079
运输成本节约（百万美元/年，2012 年的物价水平）		
现存的内陆水运交通量	28. 5	34. 4
从公路运输分出的交通量	0. 1	0. 2
二氧化碳排放量的变化（吨/天）	-344	-414
公路	-20	-28
内陆水运	-324	-386
（走廊二氧化碳排放量的相对变化，%）	-11	-11

资料来源：Ecorys/世界银行分析。

由于运输模式的转变和船只升级，公路运输和内陆水运的行车千米数都下降了。船只升级使得更大的船只在走廊里通航，比起没有升级的场景，这会带来更少的行车千米数。

在两个走廊，由公路运输向内陆水运转化的收益相对来说仍较小，这说明公路运输的成本敏感性要低于其时间敏感性（因为运输转移意味着成本更低，但运输时间更长）。

但是，二氧化碳的排放量会大幅降低，这主要不是由于公路运输量的降低造成的，而是由于船只升级，行船千米数降低造成的。

2. 红河三角洲走廊2的升级

走廊2是从海防到宁平，走廊2的升级是从3类河道升级为2类河道（见表F.2）。

走廊2整体的运输量不大，所以走廊2的升级所产生的影响小于走廊1的升级。内陆水运运输份额的增加，其意义大于走廊1升级增加的运输份额，因为走廊2的河道类别更低，因此在降低单位运输成本上空间更大。走廊2升级所造成的大部分影响都和船只升级相关，只有一小部分影响是从公路运输向内陆水运的转移。

表F.2　红河三角洲走廊2：项目2在2020年和2030年估计会带来的影响

干预措施2	2020年	2030年
内陆水运量的变化（从公路运输转移的运输量，吨/天）	1166	1497
和“什么都不做”的情境相比，内陆水运运输量的相对变化，%	+2.0	+2.2
走廊2的运输份额，%（什么都不做情境）	76	74
走廊2的运输份额，%（项目情境）	77	76
每天的车程千米数（公路运输）	-19772	-25397
每天的航程千米数（内陆水运）	-31898	-38037
运输成本节约（百万美元/年，2012年的物价水平）		
现存的内陆水运交通量	17.8	20.1
从公路运输分出的交通量	0.1	0.1
二氧化碳排放量的变化（吨/天）	-179	-202
公路	-6	-8
内陆水运	-173	-194
（走廊二氧化碳排放量的相对变化，%）	-18	-18

资料来源：Ecorys/世界银行分析。

3. 红河三角洲走廊3升级

走廊3是从河内到带河和沥河，走廊2的升级是从3类河道升级为2类河道（见表F.3）。

表 F.3 红河三角洲走廊 3：项目 3 在 2020 年和 2030 年估计会带来的影响

干预措施 3	2020 年	2030 年
内陆水运量的变化（从公路运输转移的运输量，吨/天）	366	543
和“什么都不做”的情境相比，内陆水运运输量的相对变化，%	0.97	1.03
走廊 3 的运输份额，%（什么都不做情境）	42.6	44.5
走廊 3 的运输份额，%（项目情境）	43	45
每天的车程千米数（公路运输）	-6203	-9209
每天的航程千米数（内陆水运）	-14997	-20909
运输成本节约（百万美元/年，2012 年的物价水平）		
现存的内陆水运交通量	3.9	5.3
从公路运输分出的交通量	0.01	0.01
二氧化碳排放量的变化（吨/天）	-39	-55
公路	-1	-3
内陆水运	-38	-52
（走廊二氧化碳排放量的相对变化，%）	-11	-11

资料来源：Ecorys/世界银行分析。

第二章已指出，走廊 3 的运输量只占整个红河三角洲内陆水运总量的 5%。升级走廊 3 只能提高很小一部分货物运输的规模。由此节约的运费和减少的排放量相对来说也非常小。

4. **红河三角洲扩展的通道**

扩展的通道项目主要是将河内附近的内陆河港和处理集装箱货流的海防海港码头连接起来。

如表 F.4 所示，河内扩展的通道预期将河内—海防走廊的内陆水运份额提高 3 个百分点。此项目的结果不会增加船只规模，只是会降低公路行车里程数。内陆水运的行船里程数增加的很少，主要是因为海防和河内之间的水路距离大于两个城市之间的公路距离，而且由公路运输向内陆水运转移的运输量不大。

此项目对运输成本以及二氧化碳排放量的影响相对较低，二氧化碳排放量不降反升，因为内陆水运在排放量上的优势小于长途运输的负面影响。

表 F.4 红河三角洲延长的河道：项目 4 在 2020 年和 2030 年估计会带来的影响

干预措施 4	2020 年	2030 年
内陆水运量的变化（从公路运输转移的运输量，吨/天）	254	681
和“什么都不做”的情境相比，内陆水运运输量的相对变化，%	11.5	9.3

续　表

干预措施 4	2020 年	2030 年
内陆水运的份额,%（什么都不做情境）	19	32
内陆水运的份额,%（项目情境）	22	35
每天的车程千米数（公路运输）	-7131	-19108
每天的航程千米数（内陆水运）	319	854
运输成本节约（百万美元/年，2012 年的物价水平）		
现存的内陆水运交通量	0.4	1.3
从公路运输分出的交通量	0.02	0.1
二氧化碳排放量的变化（吨/天）[a]	0.3	0.7
（走廊二氧化碳排放量的相对变化,%）[a]	0.3	0.5

注：a. 影响太小无法区分运输方式转变和扩大规模之间的关系。
资料来源：Ecorys/世界银行分析。

5. 湄公河三角洲走廊 1

此项目评估 2 将湄公河三角洲的走廊 1（湄公河—槟椥—美拖—永隆）由 3 类河道升级为 2 类河道的影响。

此河道承载了湄公河三角洲内陆水运最大的运输量，所以此项目可节省大量的运费。和红河三角洲的情况类似，此走廊上从卡车运输向内陆水运的分流很少，但是，不管怎样，此项目还是可以增加内陆水运的份额（见表 F.5），可以降低 20% 的二氧化碳排放量，这个数字非常可观。

和红河三角洲走廊的情况类似，由于船舶规模升级，公路运输和内陆水运的行车里程数都降低了。走廊的河道由 3 级升级为 2 级，使得更大型的船舶得以通航，与未升级时相比，里程数有所减少。

表 F.5　湄公河三角洲走廊 1：项目 5 在 2020 年和 2030 年估计会带来的影响

干预措施 5	2020 年	2030 年
内陆水运量的变化（从公路运输转移的运输量，吨/天）	4537	7167
和“什么都不做”的情境相比，内陆水运运输量的相对变化,%	2.0	2.2
走廊 1 内陆水运的份额,%（什么都不做情境）	81.2	80.4
走廊 1 内陆水运的份额,%（项目情境）	82.8	82.2
每天的车程千米数（公路运输）	-174975	-276436
每天的航程千米数（内陆水运）	-77674	-109692

续 表

干预措施 5	2020 年	2030 年
运输成本节约（百万美元/年，2012 年的物价水平）		
现存的内陆水运交通量	50.8	75.1
从公路运输分出的交通量	0.5	0.9
二氧化碳排放量的变化（吨/天）	-531	-785
公路	-48	-77
内陆水运	-483	-708
（走廊二氧化碳排放量的相对变化，%）	-19	-18

资料来源：Ecorys/世界银行分析。

6. 沿海航运集装箱码头建设

此项目是对海防港口现存的集装箱码头的升级。通过提高装卸货效率，相对公路运输来说，可以节省沿海航运的运费，这样可以增加沿海航运的运量和码头的集装箱吞吐量。估计的影响见表 F.6。

对沿海航运的集装箱码头进行升级，长期来看可以增加内河航运 3% 的份额。升级同时可以节省运费，节省的运费大部分来自现存的水运。运输方式的转变可以降低 4% 的二氧化碳排放量。

表 F.6 沿海运输集装箱码头建设：项目 6 在 2020 年和 2030 年估计会带来的影响

干预措施 6：沿海运输集装箱码头建设	2020 年	2030 年
内陆水运量的变化（从公路运输转移的运输量，吨/天）	830	2153
和“什么都不做”的情境相比，内陆水运运输量的相对变化，%	5.7	5.7
沿海航运的运输份额，%（什么都不做情境）	51.3	51.3
沿海航运的运输份额，%（项目情境）	54.2	54.2
每天的车程千米数（公路运输）	-59735	-155005
每天的航程千米数（内陆水运）	5275	13688
运输成本节约（百万美元/年，2012 年的物价水平）		
现存的内陆水运交通量	4.0	10.3
从公路运输分出的交通量	0.1	0.3
二氧化碳排放量的变化（吨/天）[a]	-49	-128
（走廊二氧化碳排放量的相对变化，%）	-4.1	-4.1

注：a. 只有假设沿海运输规模不变时，才考虑减排和运输方式转变之间的关系。

资料来源：Ecorys/世界银行分析。

7. 收取河道维护费用

附录D已解释过，此种干预项目需要两个因素：①内陆水运的运营商交费；②河道维护有改进。

要计算实施河道收费项目的影响，首先要做的假设是，通过提高每吨·公里费用的方式来收费。依据对2020年交通运输量所做的假设，每吨·公里收取0.0003美元（6越南盾）就足够弥补未来十年内越南核心河道网维护费用的缺口。2020年之后，随着运输量的增加，会增加对河道维护的收费，一直到2030年，提高的收费会继续弥补河道维护费用的缺口。

通过实际通航河道的升级来评估改善河道维护所带来的影响。这意味着每年河道网可通航的天数更多，更高的装载率，以及更大的船只。做此假设的基础是河道维护会将河道类别平均提高10%。估计的影响见表F.7。

此规模的河道维护费用会节省不少的运费，同时运输份额不变。换句话说，内陆水运每吨·公里增加的费用（征收的河道维护费用）所带来的负面影响，可由更好的通航河道所带来的积极影响所抵消。同时，估计此项目也会降低整体的二氧化碳排放量。

表F.7　　河道维护收费：项目7在2020年和2030年估计会带来的影响

干预措施7：河道维护收费	2020年	2030年
内陆水运量的变化（从公路运输转移的运输量，吨/天）	133	225
和“什么都不做”的情境相比，内陆水运运输量的相对变化,%	0.02	0.02
所有走廊的内陆水运份额,%（什么都不做情境）	69	67
所有走廊的内陆水运份额,%（项目情境）	69	67
每天的车程千米数（公路运输）	-6445	-10610
每天的航程千米数（内陆水运）	-19686	-26096
运输成本节约（百万美元/年，2012年的物价水平）		
现存的内陆水运交通量	1.5	2.4
从公路运输分出的交通量	0.1	0.2
二氧化碳排放量的变化（吨/天）	-95	-159

资料来源：Ecorys/世界银行分析。

8. 发动机和船队现代化

发动机更新项目旨在通过使用效能更高的设备来降低内陆水运的排放量。此举在越南并无先例。所以此项目都是根据欧洲和美国的船队升级经验制定的。具体来说，升级发动机[①]可以提高5%的船队装载量，改进10%的二氧化碳排放量，80%的氮氧化物和硫化物的排放量，要实现这些目标就要对尾气排放做处理，这在美国和欧洲的排放控制区域的海洋运输中很常见，而且技术也已得到验证，虽然在越南还没有得到验证，但是将技术应用到内陆水运船只上得到了检验。但此技术能否应用到当前在越南内河运营中的船只还是未知。对孟加拉、荷兰和罗马尼亚所做的相似调查表明，这主要取决于船只发动机舱的大小。据估计，船只越大，技术的兼容度就越高。

表F.8列出现代化项目的预期会取得的影响。由于此项目的本质所决定，公路运输和内陆水运之间的转移量很小，只占全国运输总量的5%。此项目节省的内陆水运费用也很小，因为此项目只是间接增加船队规模，项目最大的收益是节省燃油费用。项目主要的经济影响是降低每天的排放量，而不是降低运输费用，因为现代化的发动机会降低温室气体和污染物的排放。

表F.8　发动机现代化项目：项目8在2020年和2030年估计会带来的影响

干预措施8：发动机现代化	2020年	2030年
内陆水运量的变化（从公路运输转移的运输量，吨/天）	71	106
和“什么都不做”的情境相比，内陆水运运输量的相对变化，%	0.01	0.01
所有走廊的内陆水运份额，%（什么都不做情境）	69	67
所有走廊的内陆水运份额，%（项目情境）	69	67
每天的车程千米数（公路运输）	-1943	-2992
每天的航程千米数（内陆水运）	54	82
运输成本节约（百万美元/年，2012年的物价水平）		
现存的内陆水运交通量	0.7	1.0
从公路运输分出的交通量	0	0
二氧化碳排放量的变化（吨/天）	-51	-71
二氧化硫排放量的变化（吨/天）	-1.0	-1.4
氮氧化物排放量的变化（吨/天）	-0.4	-0.6

注：只考虑内陆水运的排放量；公路运输转移的排放量忽略不计。
资料来源：Ecorys/世界银行分析。

9. 推广和示范

很难通过运具分配模型和成本—收益方法对此项目的影响进行量化，因为这需要历史数据，但是在越南还没有进行过这样的项目。相反，此项目是用盈亏平衡分析进

① 2010年越南总船队的运载量为780万载重吨，其中50%为500吨及以上的船只。假设平均船只大小为800吨，这意味着大约5000艘船舶合格。要承担越南船队5%的装载量，10%的装载量为500吨及以上的船舶需要升级。船主需要拿出同样多的钱，所以全部可用费用为四万美元。

行评估的，具体如下：

- 1000 万美元的预算用在推广项目上（推广期约为十年），2000 万美元用在示范试点项目上。后者可能需要 2 ~ 3 年的启动期，之后，该项目预计会走商业化路线（即没有进一步的补贴）。
- 根据盈亏平衡分析，总预算使用期为十年，平均每年的预算为 300 万美元。
- 内陆水运相对公路运输的成本优势为每吨・公里 0.17 美元。这意味着，如果［300 万/0.17］ =1800 万吨・公里从公路运输转移到内陆水运，那么推广项目的成本就可以通过节省的运输费用来收回。
- 五个全国核心公路—内河货运走廊（三个在北方地区，两个在南方地区）的全部公路运输约为 33 亿吨・公里（根据 VITRANSS -2 数据）。
- 因此，至少需要［1800 万/ 33 亿］ = 0.55% 的货运份额从公路运输转移到内陆水运才能使这个项目盈亏平衡。

二、成本收益分析法（CBA）和分析结果

2020 年和 2030 年预期的运输量和排放量是成本收益法的输入。在用成本收益分析法对建议的干预项目进行分析之前，有必要先介绍成本收益分析法。简单介绍完成本收益分析方法后，重点将放到用成本收益分析法对九项建议的干预项目进行分析。最后展示了成本收益分析法的结果，随后附上敏感性测试的结果。

（一）成本收益分析方法

在成本收益分析法的环境中，给定的干预项目产生的影响要和无干预的参考情境或相反的情境相比较。

特定时间段的净经济成本和收益用货币价值表示，并折算成目前的价值。贴现率反映了在实施项目的情境下，资本的经济机会成本。将当前的净经济成本值和当前的净经济收益值相比较，可以得出干预项目的净现值（NPV）。正的净现值说明干预项目产生了经济收益，因此此干预项目是有吸引力的。另一个评估干预项目经济可行性的方法是将项目中贴现率和经济内部收益率相比较：如果内部经济收益率大于贴现率，此干预项目就具备经济可行性。内部经济收益率越高，项目的经济收益就越大。

在这种情境下，利用成本收益分析法按照项目的有效性和经济附加值排出项目的优先顺序。

（二）确定影响

提出的措施可以有几种影响（成本和收益），这可能适用于不同的利益相关者。经

济成本通常关注投资方案的经济维护成本和资本。和内陆水运相关的项目的经济收益关注：①一般运输成本节约和运输方式转变和规模升级相关；②温室气体和当地污染物排放减少的经济价值；③避免发生的事故带来的安全收益。

1. 投资和维护成本

一项干预措施的成本主要是资本投资和维护费用。投资总成本分解为每年的投资，而维护费用是由具体的干预措施和情境决定的（因为维护成本在“什么都不做”情境下也有）。每年的标准投资成本为0.5%。

2. 节约的运输成本

提出的干预措施将会节约运输成本。货主决定从成本较高的卡车运输转移到成本较低的驳船运输会节约运输成本；货主因使用大型、操作性能更好的船只也可节约成本。这些节约的成本放在一起统称为运输成本的节约。节约的幅度可由运距分配模型估算出。

3. 减排

此项研究的一个根本目标是提出措施，降低交通运输部门的排放量。报告中所提出的干预措施全都针对这一目标。比如，从卡车运输向内河水运的转变会影响排放量，因为驳船每吨·公里的排放量低于卡车运输的排放量。船只规模升级或能降低拥堵情况的干预措施都会影响排放量，因为推力的增加幅度会小于船只装载量的增加。为此可用燃油率的变化来计算排放量的降低。这也是运用运具分配模型的结果。

4. 安全性的改进

越南公路运输的安全性不是很理想，造成人员和物质损失，以及巨大的社会和经济成本。随着运输从公路向内河河道的转变，公路运输的安全性预计会增加，这可以通过计算更少事故率的经济成本算出。通过使用购买力平价率可计算出每车·千米的成本为0.005美元。按照吨·公里来计算，内陆水运的安全值要比卡车运输低得多，这是因为每艘船只要比每辆卡车装得多。这也意味着从公路运输向河道运输的转变能增加运输安全性。

（三）CBA表和结果指标

确定了所有的相关影响，并将这些影响转化成货币价值，就生成了一张CBA表。此CBA表概括了不同的影响，并将成本和收益分开。这些影响会以10%的资本经济成本在项目实施期间内打折扣，以符合净现值。

1. CBA的假设

运具分配模型用来评估每种干预措施的影响，并对2008年以及2020年和2030年的每种运输类型的份额做了估计。对于其他年份，可以用内插法和外推法来估计从2012年至2050年间的影响，当然准确的投资期也会随着每种干预措施的不同而不同

（见第七章）。在对应的投资年限内，总投资会被线性分配出去。

如果走廊升级，那么会假设所有走廊中的运营船舶的总装载量会增加。但是这样的升级不会立刻实现。换种方式说，假设走廊升级会在 2015 年完成，这并不意味着从 2016 年升级带来的长期收益会立刻实现。用较大的船只取代现有船只，以及取代的速度进一步受到船只使用年限、取代成本和成本收回期影响。

项目带来的具体利益会逐步实现，及至达到运具分配模型计算的水平。具体的假设是干预项目 1 ~6 需要 15 年才能实现收益最大化，因为这些项目都牵涉更大型的或额外的船只运营，因为承运商需要进行巨额投资（比如购买新的船只）。这样的投资需要时间才能有回馈。对于干预措施 7 ~9，具体的假设是十年就可有收益，因为这些项目只需现存船只就可进行。对所有的项目来说，所有的收益都是线性增长，项目实施后，第一年最大收益率可为 10%。

CBA 收益计算还包括如下相关方面：

- 2012—2050 年是时间范围；
- 资本的经济成本，或折扣率为 10%；
- 投资成本有个范围，CBA 的计算用这个范围的中间值。

因为没有 2030 年以后的货物流的预测数据，从 2030 年至 2050 年的收益都用同 2020—2030 年的年度增长率计算。对于 CBA 的结果，这样做影响不大，因为 10% 的折扣率几乎不会影响 2030 年后的 CBA 结果。

2. CBA **结果**

计算了八种干预措施的运具分配模型的可能结果，随后将结果放在标准 CBA 框架。表 F. 9 列出了每种干预措施最相关的 CBA 结果（净现值、内部经济收益率和收益/成本率）。越南资本的经济成本被认为是在 10% ~12%。内部经济收益达到或超过 10% 表示干预措施从经济上来讲是有效率的，也是可行的。表 F. 10 列出了每种干预措施的具体经济收益：节约的运输成本、减排和安全性的改进。

表 F. 9　　　　用成本收益方法分析干预措施的结果

序号	干预措施名称	实施时间段	经济成本（百万美元）	10% 的净现值（百万美元）	内部经济收益率（%）	收益/成本率（%）
1	红河三角洲走廊 1 升级	2016—2020	200	0. 6	10	1. 0
2	红河三角洲走廊 2 升级	2014—2016	225	-83	6	0. 5
3	红河三角洲走廊 3 升级	2013—2015	150	-102	2	0. 2
4	红河三角洲延长的河道	2014	10	-2. 3	8	0. 7
5	湄公河三角洲走廊 1 升级	2013—2016	200	-209	16	2. 3
6	沿海运输集装箱码头建设	2014	40	22. 7	13	1. 7

续 表

序号	干预措施名称	实施时间段	经济成本（百万美元）	10% 的净现值（百万美元）	内部经济收益率（%）	收益/成本率（%）
7	河道维护的收费	从 2014 年开始	n. a.	32	n. a.	n. a.
8	发动机和船队现代化	从 2014 年开始	20	0. 6	10	1. 0

注：n. a. 指不适用。
资料来源：Ecorys/世界银行分析。

表 F. 10　　干预措施的经济收益

序号	干预措施名称	运输成本节约	排放的降低	安全性的改进	到 2020 年内陆水运增加的运输份额（%）
1	红河三角洲走廊 1 升级	75. 5	27. 1	0. 4	0. 6
2	红河三角洲走廊 2 升级	76. 1	23. 5	0. 4	1. 1
3	红河三角洲走廊 3 升级	75. 5	23. 8	0. 7	0. 5
4	红河三角洲延长的河道	99. 6	－1. 5	1. 9	3. 0
5	湄公河三角洲走廊 1 升级	75. 3	24. 1	0. 6	1. 8
6	沿海运输集装箱码头建设	71. 7	26. 8	1. 4	2. 9
7	河道维护的收费	33. 9	65. 4	0. 8	0
8	发动机和船队现代化	31. 8	68. 1	0. 1	0

资料来源：Ecorys/世界银行分析。

敏感性测试

对于每个干预措施，要评估很多假设的可行性。因此，对每种干预措施都做了敏感度测试来评价这些假设中，上述结果应对变化的鲁棒性。结果如表 F. 11 所示。

表 F. 11　　敏感性分析

序号	干预措施名称	10% 的净现值（百万美元）	内部经济收益率（%）	成本/收益率（%）
1	红河三角洲走廊 1 升级	0. 6	10. 0	1. 0
	投资成本增加 25%	－30. 1	8. 5	0. 8
	投资成本减少 25%	31. 3	12. 2	1. 4
	可实现的最大收益率定为 80%	－21. 2	8. 7	0. 8

续　表

序号	干预措施名称	10%的净现值（百万美元）	内部经济收益率（%）	成本/收益率（%）
2	红河三角洲走廊 2 升级	-83.4	5.8	0.5
	投资成本增加 33%	-141.6	4.2	0.4
	投资成本减少 33%	-25.3	8.3	0.8
	可实现的最大收益率定为 120%	-66.2	6.9	0.6
3	红河三角洲走廊 3 升级	-101.9	1.6	0.2
	投资成本增加 33%	-145.2	0.3	0.2
	投资成本减少 33%	-58.7	33.6	0.3
	可实现的最大收益率定为 120%	-96.7	2.5	0.3
4	红河三角洲拓展河道	-2.3	8.4	0.7
	投资成本翻番	-11	5.2	0.4
	可实现的最大收益率定为 120%	-1.1	9.3	0.9
5	湄公河三角洲走廊 1 升级	208.6	15.7	2.3
	投资成本增加 25%	165.7	13.9	1.8
	投资成本减少 25%	251.5	18.1	3.1
	可实现的最大收益率定为 80%	138.5	14.1	1.8
6	沿海航运集装箱码头建设	22.7	13.2	1.7
	投资成本增加 25%	14.0	11.7	1.3
	装卸货费用只节约了 2.5%	-6.3	8.8	0.8
7	河道维护的收费	31.6	—	—
	每吨·公里的收费从 6 越南盾提高到 10 越南盾	-2.6	—	—
	河道升级带来 5% 的收益	-9.9	—	—
8	发动机和船队的现代化	0.6	10.4	1.0
	投资成本提高 25%	-3.6	7.8	0.8
	装载量提高 50%	9.1	16.2	1.6

注："—" 指无法应用。

资料来源：Ecorys/世界银行分析。

参考文献

[1] Ecorys. 2009. Werkwijzer OEI bij MIRT - verkenningen (in Dutch). Rotterdam,

the Netherlands：Ecorys.

[2] ———. 2010. Energy Efficient Inland Waterway Transport in Bangladesh. Washington，DC：World Bank.

[3] IMF（International Monetary Fund）. 2012. World Economic Outlook. Washington，DC：International Monetary Fund.

[4] JICA（Japan International Cooperation Agency）. 2009. The Comprehensive Study on the Sustainable Development of Transport System inVietnam（VITRANSS－2）. Hanoi：JICA.

[5] Van Essen，H. P.，B. H. Boon，R. Smokers，A. Schroten，M. Maibach，C. Schreyer，D. Sutter，C. Doll，B. Pawlowska，and M. Bak. 2008. Handbook on Estimation of External Costs in the Transport Sector. Delft，the Netherlands：CE Delft.

图书在版编目（CIP）数据

竞争和低碳交通促进贸易：以越南内陆和沿海水运为例 /（ ）路易斯·C. 布兰卡，（ ）M. 贝克·埃尔 - 海夫纳卫著；翁心刚，安久意译. —北京：中国财富出版社，2015. 12

（交通运输发展及理论经典译丛）

书名原文：Facilitating Trade through Competitive，Low-Carbon Transport：The Case for Vietnam's Inland and Coastal Waterways

“十二五”国家重点图书出版规划项目

ISBN 978 - 7 - 5047 - 6001 - 2

Ⅰ. ①竞… Ⅱ. ①路… ②M… ③翁… ④安… Ⅲ. ①水路运输经济—经济发展—研究—越南 Ⅳ. ①F553. 333

中国版本图书馆 CIP 数据核字（2015）第 302550 号

著作权合同登记号 图字：01 - 2015 - 8662

策划编辑 郑欣怡　　**责任编辑** 张 茜

责任印制 石 雷　　**责任校对** 梁 凡 张营营　　**责任发行** 敬 东

出版发行 中国财富出版社

社　　址 北京市丰台区南四环西路 188 号 5 区 20 楼　　**邮政编码** 100070

电　　话 010 - 52227588 转 2048/2028（发行部）　　010 - 52227588 转 307（总编室）

010 - 68589540（读者服务部）　　010 - 52227588 转 305（质检部）

网　　址 http：//www. cfpress. com. cn

经　　销 新华书店

印　　刷 北京九州迅驰传媒文化有限公司

书　　号 ISBN 978 - 7 - 5047 - 6001 - 2/F · 2523

开　　本 787mm × 1092mm 1/16　　**版　　次** 2017 年 9 月第 1 版

印　　张 12. 75　　**印　　次** 2017 年 9 月第 1 次印刷

字　　数 272 千字　　**定　　价** 68. 00 元
